国家教师资格考试

教育知识与能力
（中学·科目二）

一起考教师 编著

北京理工大学出版社
BEIJING INSTITUTE OF TECHNOLOGY PRESS

图书在版编目（CIP）数据

教育知识与能力．中学 科目二/一起考教师编著

．--北京：北京理工大学出版社，2022.3

ISBN 978-7-5763-1113-6

Ⅰ.①教… Ⅱ.①一… Ⅲ.①中学教师-教学能力-

资格考试-自学参考资料 Ⅳ.①G451.1

中国版本图书馆 CIP 数据核字（2022）第 037457 号

出版发行/北京理工大学出版社有限责任公司

社　　　址/北京市海淀区中关村南大街 5 号

邮　　　编/100081

电　　　话/(010) 68914775（总编室）

　　　　　　（010）82562903（教材售后服务热线）

　　　　　　（010）68944723（其他图书服务热线）

网　　　址/http：//www.bitpress.com.cn

经　　　销/全国各地新华书店

印　　　刷/北京宝莲鸿图科技有限公司

开　　　本/787 毫米×1092 毫米　1/16

印　　　张/15　　　　　　　　　　　　　　　　责任编辑/封　雪

字　　　数/309 千字　　　　　　　　　　　　　文案编辑/毛慧佳

版　　　次/2022 年 4 月第 1 版　2022 年 4 月第 1 次印刷　　责任校对/刘亚男

定　　　价/99.00 元　　　　　　　　　　　　　责任印制/施胜娟

第一模块

教育基础知识和基本原理

第一章　教育与教育学

知识模块	考点细化	单选题	辨析题	简答题	材料分析题	重要程度
教育的产生与发展	概念、基本要素	√	—	—	—	—
	属性	√	√	—	—	★★★
	起源、历史形态	√	—	—	—	★
教育学的产生与发展	研究对象和任务	√	—	—	—	—
	萌芽阶段	√	—	—	—	★★★
	独立阶段	√	—	—	—	★★★
	马克思主义	√	—	—	—	★
	现代理论	√	—	—	—	★★

第一节　教育的产生与发展

一、教育的概念（单选题）

广义的教育是指有目的地增进人们的知识和技能、发展人们的智力和体力、影响人们的思想观念的活动。它包括社会教育、家庭教育和学校教育。

狭义的教育是指学校教育，是教育者根据一定的社会要求，有目的、有计划、有组织地通过学校的教育工作，对受教育者的身心施加影响，促使他们朝着期望的方向变化的活动。

在中国，"教育"一词最早见于《孟子·尽心上》中的"得天下英才而教育之，三乐也"。

东汉许慎在《说文解字》中这样解释教育："教，上所施，下所效也；育，养子使作善也"。

二、教育的基本要素（单选题）

（一）教育者

教育者是指从事教育活动的人，是教育活动的主导者和实施者，也是学生的主要影响者和引导者。

（二）受教育者

受教育者是指在各种教育活动中接受影响、从事学习活动的人，既包括在学校中学习的儿童、青少年，也包括在各种教育活动中学习的成年人。受教育者是教育的对象，是学习活动的主体。

（三）教育影响

教育影响是教育实践活动的手段，包括教育内容和教育措施等方面。

三、教育的属性（单选题、辨析题、简答题）

（一）教育的本质属性

教育是有目的地培养人的活动，这是其区别于其他事物现象的根本特征，是教育的质的规定性，也是教育的本质。

（二）教育的社会属性

1. 教育的永恒性

教育是新生一代的成长和社会生活的延续与发展不可缺少的手段，为一切人、一切社会所必需，与人类社会共始终，是人类社会的永恒范畴。

2. 教育的阶级性

在阶级社会中，教育具有阶级性，但阶级性并不是教育所独有的、区别于其他事物现象的根本特征。阶级性只是在阶级社会中教育所包含的一种属性，并非教育所特有的质的规定性。

3. 教育的历史性

教育与社会的生产力发展水平和统治阶级制度密切相关，并随其变化而变化。

4. 教育的相对独立性

教育的相对独立性是指教育具有自身的特点和规律，并对政治、经济制度和生产力具有能动作用，具体表现在：

（1）教育与生产力和政治经济制度发展的不平衡性。教育的发展依存于社会存在的发展，这是从根源上和发展的总趋势方面说的。但教育的发展与社会的发展并不总是同步的。

（2）教育具有历史继承性，具体表现为教育内容的继承、教育方式的继承、教育理论与经验的继承方面。

（3）教育具有自身的规律性。

（4）教育对社会的作用具有能动性。

教育具有上述相对独立性，但要注意这并非绝对独立性。

教育具有自身发展的规律，在有些方面不一定会随着社会的改变而改变。这反映了教育的哪一特征？（　　）

A．阶级性　　　　　　　　　　B．生产性

C．目的性　　　　　　　　　　D．相对独立性

【答案】D

四、教育的起源（单选题）

教育的起源见表 1-1。

表 1-1　教育的起源

学说	教育观点	代表人物	评价
神话起源说	是人类关于教育起源的最古老的观点	所有宗教都持这种观点	这种观点是错误的，也是不科学的
生物起源说	是教育学史上第一个正式提出的有关教育起源的学说。该理论以达尔文生物进化论为指导，把教育的起源归之于动物本能行为，教育过程即按生物学规律进行的本能过程	利托尔诺（法国）、沛西·能（英国）	完全否认了人与动物的区别，否认了教育的社会属性
心理起源说	认为教育起源于儿童对成人无意识的模仿，把全部教育都归之于儿童在无意识状态下产生的模仿行为	孟禄（美国）	否认了教育的社会性，否认了教育是一种自觉有意识的活动，把动物本能和儿童无意识的模仿同有意识的教育混为一谈，都是不正确的
劳动起源说	认为教育起源于劳动，起源于劳动过程中社会生产的需要和人的发展需要的辩证统一	米丁斯基（苏联）、凯洛夫（苏联）	教育起源于劳动，起源于劳动过程中社会生产需要和人的发展需要的辩证统一

五、教育发展的历史形态（单选题）

（一）原始社会的教育

（1）教育还没有独立的形态，教育还没有从社会生产和生活中分化出来，成为独立的社会活动。

（2）教育与生产劳动相结合。

（3）没有专门从事教育（职业）的人员和相对固定的教育对象，没有专门的、为教育所用的内容和场所，更没有教育制度可言。

（4）教育的目的就是为了生产和生活。

（5）原始社会的教育没有阶级性，对每个人来说，教育的机会是均等的，也可以认为教育是普及的，所有的儿童都在接受同样的教育。

（二）古代社会的教育

由于古代社会包括奴隶社会和封建社会，因此古代社会的教育也包括**奴隶社会的教育和封建社会的教育**。

1. 奴隶社会的教育

人类进入奴隶社会后就出现了专门的教育机构，即学校。

（1）中国。

西周以后，学校教育制度已经发展到具备比较完备的形式阶段，建立了典型的**政教合一的官学体系**，并有了"**国学**"与"**乡学**"之分，即设在王城和诸侯国都的学校与设在地方的学校、设在闾里的塾校，形成了**以礼乐为中心**的文武兼备的**六艺教育**。

六艺由六门课程组成。一是礼：包括政治、历史和以"孝"为根本的伦理道德教育。二是乐：包括音乐、诗歌、舞蹈教育。三是射：射技教育。四是御：以驾兵车为主的军事技术教育。五是书：语言文字的读写以及文学历史方面的知识教育。六是数：简单数量计算教育。

到了春秋战国时期，官学衰微，私学大兴，儒、墨两家的私学成为当时的显学。孔子私学的规模最大，存在了四十多年，弟子达三千人。春秋战国时期私学的发展是中国教育史和文化史上一个重要的里程碑，促进了"百家争鸣"盛况的形成。

（2）欧洲。

欧洲奴隶社会曾出现过两种著名的教育体系——**斯巴达教育和雅典教育**。

斯巴达是古希腊最大的农业城邦国家。斯巴达教育重视**军人和武士**的培养，教育内容几乎全是**军事体育训练**，如赛跑、跳跃、角斗、骑马、投掷等，其教育目的在于培养忠于统治阶级的骁勇的军人和武士。

雅典是一个商业比较发达的城市。**雅典教育**重视**培养多方面发展的人才**，教育内容包括政治、哲学、文学、艺术、体操等，教育目的在于使奴隶主的后代适应这种复杂的社会阶级斗争。

中国和欧洲奴隶社会的教育状况表明，奴隶社会的教育是为奴隶主阶级服务的工具，只有奴隶主的子弟才能享有受教育权，教育具有鲜明的阶级性；同时，**教育与生产劳动相脱离**。

2. 封建社会的教育

（1）中国。

汉武帝采纳了董仲舒提出的"罢黜百家，独尊儒术"的建议，实行了思想专制主义的文化教育政策和选士制度，对后世产生了深远的影响。

宋代以后，程朱理学成为国学，儒家经典被缩减为**"四书""五经"**，特别是《大学》《中庸》《论语》《孟子》这"四书"被作为教学的基本教材和科举考试的依据，而科学技术和文学艺术不再是科举的内容。知识分子的毕生精力用在了"四书""五经"的背诵上。

明代以后，八股文被规定为科举的固定格式。这一规定不仅使社会思想受到钳制，而且使文章在形式上的创造性被扼制。一直到光绪三十一年（1905年）科举制度再也不能适应社会发展的要求，清政府才真正废除科举，开办学堂。

在中国封建社会，学校教育被地主阶级垄断，不仅具有阶级性，还具有鲜明的等级性，封建统治者利用教育，把自己的子弟培养成统治劳动人民的官吏；教育内容是儒家经典"四书""五经"；教育方法是崇尚书本内容，要求学生死记硬背；教育组织形式是个别教学。

（2）欧洲。

欧洲封建社会出现了两种教育体系——**教会教育和骑士教育**。

教会教育的目的是培养教士和僧侣，又称僧侣封建主教育。其教育内容是**"七艺"**，包括**"三科"（文法、修辞、辩证法）和"四学"（算术、几何、天文、音乐）**，而且各科都贯穿神学。

骑士教育又称世俗封建主教育，其目的是培养封建骑士，教育内容是**"骑士七技"**，即骑马、游泳、击剑、打猎、投枪、弈棋、吟诗。

无论是中国的封建教育还是欧洲封建社会的僧侣教育、骑士教育，都与生产劳动相脱离，都是为封建统治阶级服务的，具有鲜明的阶级性和等级性。

3. 古代社会教育的特征

（1）阶级性。

（2）道统性。

（3）专制性。

（4）刻板性。

（5）象征性。

（三）近现代社会的教育

16世纪以后，世界进入近现代社会，教育也随之发生了以下变化：

（1）国家加强了对教育的重视和干预，公立教育崛起。

（2）初等义务教育的普遍实施。

（3）教育的世俗化。

（4）重视教育立法，以法治教。

（四）20世纪后教育的发展特征

1. 教育的终身化

教育的终身化是对将人的一生分为学习阶段和学习结束后阶段的否定。终身教育是指现代人的一生应该是终身学习、终身发展的一生，永远和接受教育联系在一起。它的提出者**保罗·朗格朗被称为"终身教育之父"**，其教育思想表现为**"活到老学到老"**。

2. 教育的全民化

教育的全民化是指教育必须面向所有的人，即人人都有接受教育的权利，且必须接受一定程度的教育。

3. 教育的民主化

教育的民主化是对教育的等级化、特权化、专制性的否定。

4. 教育的多元化

教育的多元化是对教育的单一性和统一性的否定，是培养目标、办学形式、管理模式、教学内容、评价标准等的多元化。

5. 教育技术的现代化

教育技术的现代化指现代技术在教育上的运用。

第二节 教育学的产生与发展

一、教育学的研究对象和任务（单选题）

教育学是描述和研究教育现象和教育问题，揭示教育规律的一门社会科学。

二、教育学的产生与发展（单选题）

根据其研究方法、理论的成熟水平，教育学的发展可以分为**萌芽、独立形态、马克思主义教育学诞生、现代教育理论的发展**四个阶段。

（一）教育学的萌芽阶段

1. 中国

（1）孔子（前551年—前479年）。

孔子是中国古代春秋末期最伟大的教育家、思想家和儒家学派创始人，以他为代表的儒家文化对中国文化教育的发展产生了极其深刻的影响。孔子的思想在《论语》中有充分的反映。

孔子及《论语》中常见的教育思想包括：

孔子提出了治国三要素，即"庶""富""教"。孔子认为，若要治理好一个国家，必须具备三个条件：首先是"庶"，即要有足够的劳动力；其次是"富"，即发展生产，解决人民物质生活的问题，如衣食住行；最后是"教"，因为只有在先庶、先富的基础上，才能有效地发展教育事业。孔子认为，经济的发展是教育发展的物质基础，他倡导教育先行。孔子是我国最早论述教育和经济关系的教育家。

在教育内容上，孔子提出"文、行、忠、信"，即教师以文献、品行、忠诚、信实教育学生。

在学习过程上，孔子倡导"学、思、习、行"，即学生先以丰富的知识材料作为学习依据，再对某进行有效的思考，而且还要"学以致用"。

在教育对象上，孔子提倡"有教无类"，其本意是不分贵贱、贫富和种族，人人都可以入学接受教育。这一观念打破了贵贱、贫富和种族的界限，把受教育的范围扩大到贫民，是教育领域的巨大进步。

在教学方法上，孔子主张"不愤不启，不悱不发"，即启发性教学原则。孔子认为，教师的启发是在学生思考的基础上进行的，可以使学生进一步领会知识。孔子是世界上最早提出启发式教学的教育家。除此之外，因材施教是孔子提出的另一大具有重要教学意义的教学方法。孔子认为，只有从个人的实际情况出发，根据个性特点和具体要求教育学生，才能达到一定的教育目的。因材施教是最合适的方法，有利于加速各种人才的成长。

孔子还强调，教师应树立良好的形象，"其身正，不令而行；其身不正，虽令不从"，教师应作风端正，为学生树立良好榜样。

（2）《学记》。

中国的《学记》（收入《礼记》）是**人类历史上最早**出现的专门论述教育和教学问题的著作，被称为**"教育学的雏形"**。它大约出现在战国末年，由儒家学派撰写，比外国最早的教育著作——古代罗马帝国教育家昆体良撰写的《论演说家的教育》一书还早300多年。据郭沫若考证，《学记》的作者是孟子的学生乐正克。

《学记》从正反两方面总结了儒家的教育理论和经验，以简赅的语言、生动的比喻，系统地阐述了教育的作用和任务，教育教学的制度、原则和方法，教师的地位和作用，师生关系和同学关系等。

《学记》把教育的作用概括为十六个字"化民成俗，其必由学；建国君民，教学为先"，即揭示了教育的重要性以及教育和政治的关系，认为教育是发展政治的最佳手段。

除此之外，《学记》中也论述了很多重要的教育教学原则。

①课内与课外相结合原则："时教必有正业，退息必有居学""藏焉修焉，息焉游焉"。这是说既有正课的学习，又有课外活动，张弛有度，让学生体会到学习的乐趣。

②循序渐进原则："不陵节而施之谓孙"，即教学必须遵循一定的顺序。如果"杂施而不孙"，即杂乱施教而无合理的顺序，其效果将适得其反。因此，要"学不躐等"。

③启发式教学原则："故君子之教喻也，道而弗牵，强而弗抑，开而弗达。"教师教学要注重启发引导，而不是一味让学生死记硬背。

④教学相长原则：在教学过程中，教师、学生可以互相促进、共同提高。

⑤长善救失原则：《学记》认为"学者有四失，教者必知之。人之学也，或失则多，或失则寡，或失则易，或失则止。此四者，心之莫同也。知其心，然后能救其失也。教也者，长善而救其失者也"。这是指学生在学习中出现的缺点是由个体的心理差异造成的，教师应注重学生的个体差异，帮助他们克服缺点，发扬优点。

2. 西方

（1）苏格拉底（前469年—前399年）。

苏格拉底是古希腊著名的思想家、哲学家、教育家。他在长期的教育实践中**创立了问答式的教学方法**。苏格拉底在让学生获得某一个概念时，不是把这一概念直接告诉学生，而是先向学生发问，让学生回答，如果学生回答错了，他也不纠正，而是提出另外的问题引导学生思考，从而一步一步得出正确的结论。苏格拉底把这种通过不断发问，从辩论中弄清问题的方法称为**"产婆术"**。后人将这种方法概括为四个部分，即**讥讽、助产术、归纳、定义**。苏格拉底的"产婆术"为后世西方教育的探究式教学、发现式教学奠定了一定的基础。

苏格拉底与古代其他思想家和教育家有所不同，他明确提出了**"美德是否可教"**的问题，并对这个问题进行了大量的分析，结论就是：**如果美德是一种知识，它是可教的，因为知识是可教的。**

（2）柏拉图（前427年—前399年）。

柏拉图是古希腊最著名的哲学家和教育家。他流亡国外12年，游历了许多国家，从此视野大开。回国后，他创办了一所学园，名字叫"Academy"（阿卡德米）。它是希腊第一所高等学府，也是欧洲最早的高等教育机构。

柏拉图的教育思想集中体现在他的代表作《理想国》中。柏拉图的教育理想目标是培养哲学王，哲学王是一些最有智慧的人，也是品德最高尚的人。柏拉图认为，上帝分别用金子、银子和铜铁制造出了哲学家、军人和劳动者，因此，三种人要各司其职，各安其位。

（3）亚里士多德（前384年—前322年）。

亚里士多德是世界历史上伟大的哲学家、科学家和教育家之一，是柏拉图的学生，亚历山大的老师。公元前335年，亚里士多德在雅典创办了一所名叫吕克昂的学校，被称为"逍遥学派"。马克思称亚里士多德是古希腊哲学家中最博学的人物，恩格斯称他是"古代的黑格尔"。亚里士多德的教育观点主要体现在他的代表作《政治学》中。

①**灵魂说**：亚里士多德认为灵魂分为植物的（生物性）、动物的（感觉和欲望方面）、理性的（认识与思维）。

②**教育目的**：教育不仅为国家培养人才，还要使年轻一代和谐发展。

③实施**体、德、智**三育。

亚里士多德认为，**体育应该放在首位**，因为它是人们过美好生活的条件。道德教育的目的是培养人的美德。而智育是培养理性的灵魂，形成高尚、自由的灵魂。他认为追求理性就是追求美德，就是教育的最高目的。

④亚里士多德提出"教育的年龄分期"理论，主张教育要与人的发展相适应，并在教育史上首次提出了"教育遵循自然"的观点，主张按照心理发展规律对儿童进行分阶段教育。

（4）昆体良（35年—95年）。

昆体良是古罗马的著名教育家和教学法大师，**是西方第一个专门论述教育问题的教育家**。其代表作《论演说家的教育》（也可译为《雄辩术原理》）被誉为**古代西方第一部系统的教学法论著**，是古代西方最早的专门论述教育问题的专著。

> **真题再现**
>
> 我国先秦时期，主张"有教无类"，倡导"因材施教"的教育家是（　　　）。
>
> A. 孔子　　　　　　　　　　B. 孟子
>
> C. 荀子　　　　　　　　　　D. 庄子
>
> 【答案】A

（二）独立形态教育学的建立

从17世纪欧洲文艺复兴开始，教育学的发展进入新的阶段。其逐渐从哲学、伦理学等学科中分化出来，形成一门独立的学科。在这一过程中，产生了一批教育家，出现了一系列教育著作，提出了许多重要的教育理论观点，形成了较为完整而系统的理论体系。

主要教育家及其代表著作如下：

1. 夸美纽斯（1592年—1670年）

捷克著名的大教育家夸美纽斯在总结自己教育实践的基础上写出了《**大教学论**》（1632年出版），在教育学史上，该书被认为是**近代第一本教育学著作**。以此为开端，出现了一系列对后世有影响的资产阶级教育家及其代表作。夸美纽斯的主要教育观点有：

（1）**教育适应自然的原则**，即教育要遵循自身规律，依据人的天性和儿童的年龄特征。

（2）夸美纽斯**第一次论述了班级授课制和学年制**，提出了普及教育和统一学制的思想，建立了教学原则体系和庞大的课程体系。

（3）夸美纽斯提出了**"泛智"教育思想**，主张**"把一切事物教给一切人"**"一切男女青年都应该进学校"。

2. 培根

近代实验科学鼻祖培根在《论科学的价值和发展》（1623 年出版）**中首次把"教育学"作为一门独立的科学划分出来**，并与其他学科并列。

3. 洛克（1632 年—1704 年）

洛克是 17 世纪**英国**著名的思想家、哲学家和教育家。其主要观点有：

（1）提出了著名的**"白板说"**，认为人生来如同白板，人的知识都是后天学习得来的，人的差别都是由教育产生的结果。

（2）提出了**"绅士教育思想"**，认为教育的目的是**培养绅士**，培养绅士要靠家庭教育，而不是学校教育。

4. 卢梭（1712 年—1778 年）

卢梭是 18 世纪**法国**著名的启蒙思想家、哲学家和教育家。其主要思想有：

（1）主张**自然主义教育**，认为教育目的是培养自然人而不是培养公民。

（2）把儿童的发展和教育分为婴儿期、儿童期、青年期和青春期四个阶段，主张根据儿童的年龄和心理发展特点进行教育。

5. 裴斯泰洛齐（1746 年—1827 年）

裴斯泰洛齐是瑞士著名的教育实践家和教育思想家，其代表作是《林哈德与葛笃德》。裴斯泰洛齐接受了法国教育家卢梭的关于适应人的自然本性进行教育的思想，把教育的重点放在慈善教育和普通教育上，为此，他被誉为"贫苦者之友"。他根据教育适应自然的原则和要素教育理论，研究了小学各科教学法，被称为"教育史上小学各科教学法奠基人"。他的思想主要可以概括为：

（1）最早提出"教育心理学化"。

在西方教育史上，裴斯泰洛齐是第一个明确提出"教育心理学化"口号的教育家。教育心理学化是指教育的目的和教育的理论指导应置于儿童本性发展的自然法则的基础上，即教学内容心理学化、教学原则和教学方法心理学化，儿童成为自己的教育者。

（2）要素教育。

在智育上，裴斯泰洛齐指出，数、形、词是智育的最基本、最简单的要素。他认为，其他教育上也有教学的简单要素。裴斯泰洛齐从要素教育论出发，研究了初等教育的语文、算术、测量等学科的教学，认为数、形、词完全适合用于这三科的教学。

6. 斯宾塞（1820 年—1903 年）

斯宾塞是 19 世纪后期英国著名的哲学家、社会学家、教育家。他大力倡导科学教育，在《什么知识最有价值》一文中指出"科学知识最有价值"，并提出教育的目的是为完满生活做准备，其课程设置也以科学知识为中心，重视个人和社会生活。他唤起了人们对科学知识的重视，也促进了科学知识在欧美学校课程中主体地位的确立。

7. 赫尔巴特（1776 年—1841 年）

赫尔巴特是 18 世纪末 19 世纪初德国著名的教育家和心理学家，在著作世界教育学史上被认为是**"现代教育学之父"**或**"科学教育学的奠基人"**。他的著作《**普通教育学**》的出版标志着**规范教育学的诞生**。其主要成就有：

（1）建立了教育学理论的**两大理论**基础：**伦理学和心理学**。赫尔巴特的贡献在于把道德教育理论建立在伦理学的基础上，把教学理论建立在心理学的基础上。这也是后人把他的教育学视为科学教育学的主要原因。

（2）提出了教育的最高目的是道德和性格的完善。

（3）提出了教育性教育学原则。**赫尔巴特第一次提出"教育性教学"**概念，即没有任何无教学的教育，也没有任何无教育的教学。他强调，教育不仅要进行知识的传授，同时也要注重道德培养。

（4）**提出了四段教学法**，即**明了**、**联想**、**系统**和**方法**。

（5）强调了教师的权威作用，这一观念形成了**传统教育的三中心**：教师中心、课堂中心、教材中心。

8. 杜威（1859 年—1952 年）

杜威是美国现代著名的哲学家、教育家、心理学家，**实用主义教育流派的主要代表人物，其代表作是《民主主义与教育》**。

杜威的现代教育思想与赫尔巴特的传统教育思想截然对立，其主要思想有：

（1）论教育的本质。

杜威主张**"教育即生活""教育即生长""教育即经验的改造""学校即社会"**。

（2）论教育目的。

杜威主张"教育就是一种生活"，认为教育的目的应来源于内部，而不应该从教育的外部寻找一个目的强加给教育，即教育的目的就是使学生能够不断生长。

（3）论课程与教学。

杜威主张以活动性、经验性的主动作业来取代传统的书本式教材，即活动课程。他提出了**"从做中学"**的教学原则，强调从儿童的现实生活出发，利用儿童对游戏的本能，让他们在活动中学习知识。他认为，活动课程的教学组织形式应该是活动教学。

（4）五步教学法。

五步教学法即创设疑难情境、确定疑难所在、提出解决问题的种种假设、推断哪个假设能解决这个问题、验证这个假设。

（5）儿童中心论。

杜威认为教师是学生的辅助者，教学活动要根据儿童的兴趣进行，形成了与传统教育相对应的"新三中心"，即**儿童中心、活动中心、经验中心**。

真题再现

1. 提出了普及初等教育思想，论述了班级授课制，被认为是近代最早的教育学著作是（   ）。

A.《普通教育学》   B.《大教学论》

C.《教育论》   D.《教育漫话》

【答案】B

2. 传统教育派代表人物赫尔巴特主张的"三中心"是指（   ）。

A. 教师中心、教材中心和课堂中心   B. 儿童中心、经验中心和活动中心

C. 管理中心、活动中心和教学中心   D. 管理中心、服务中心和教学中心

【答案】A

（三）马克思主义教育学的诞生

马克思主义的诞生使教育学走向更为科学化的阶段。

1. 苏联教育家的代表著作和主要思想

（1）**克鲁普斯卡娅**著有**《国民教育与民主主义》**一书，她是**最早以马克思主义为基础、探讨教育问题的教育家**。

（2）马克思主义诞生时期，苏联教育部部长**凯洛夫**主编了**《教育学》**一书，书中总结了苏联社会主义教育的经验，构建了新的教育学理论体系，论述了全面发展的教育目的。凯洛夫极其重视智育，即教养的地位和作用。《教育学》对中华人民共和国成立初期的教育产生了很大的影响。

（3）**马卡连柯**著有**《教育诗》《论共产主义教育》《父母必读》**等，在流浪儿和违法者的改造方面做出了杰出贡献，其核心教育思想是集体主义教育。

2. 中国教育家及其主要思想

杨贤江是中国**最早用马克思主义论述教育问题的教育家**。他以李浩吾为笔名写的**《新教育大纲》**是**中国第一本马克思主义教育学著作**。这本书阐述了教育的本质和作用，批判了教育超政治、超阶级的观点和教育万能论。

（四）近现代教育理论的发展

20世纪中叶以后，由于新科技革命迅猛发展，人才资源开发和智力开发成为世界教育瞩目的重大课题。各国开展了广泛的、深刻的教育改革，形成了大批以教育实验和心理科学为基础的现代教育理论，教育学进入现代发展阶段。

近现代教育理论代表人物见表1-2。

1. 外国近现代教育思想

表1-2 外国近现代教育理论代表人物

国别	人物	代表作	教育成就
苏联	赞可夫	《教学与发展》	提出了发展性教学理论的五条教学原则，即高难度、高速度、理论指导实际、理解学习过程、使所有学生包括"差生"都得到发展的原则
	苏霍姆林斯基	《给教师的一百条建议》《把整个心灵献给孩子》《帕夫雷什中学》	提出了全面和谐教育理论
	巴班斯基	《教学过程最优化》	提出了教学过程最优化理论
美国	布鲁纳	《教育过程》	提出了结构主义学说；倡导发现式学习
	布鲁姆	《教育目标分类学》	提出了掌握学习理论

2. 中国近现代教育思想

（1）蔡元培是我国近代著名的民主革命家和教育家。他为中华民族的进步和发展，为我国的教育事业，尤其是高等教育事业的改革和发展，做出了重大贡献。其主要教育思想："五育并举"的教育方针；改革北京大学的教育实践，改变学生观念，整顿教师队伍，发展研究所，砥砺德行，培养正当兴趣；教育独立思想。

（2）陶行知是我国现代教育史上著名的人民教育家和卓越的民主主义战士，陶行知提出了生活教育理论，认为"生活即教育"，主张以人类的生活作为教育内容，在生活实践中接受教育；"教学做合一"，强调学做结合。

（3）黄炎培是我国著名的教育家和爱国主义者，也是我国职业教育的先驱，他提出"使无业者有业，使有业者乐业"的著名职业教育理论。

章节配套练习

1. [单选题] 教育与人类社会共始终，为一切人一切社会所必需，是新生一代的成长和社会生活的延续与发展不可缺少的手段。这表明教育具有（   ）。

   A. 阶级性　　　　　　　　　B. 历史性

   C. 永恒性　　　　　　　　　D. 平等性

2. [单选题] 中国唐代中央官学设有"六学二馆"，其入学条件中明文规定不同级别官员的子孙进入不同的学校。这主要体现了我国封建社会教育制度的哪个特征？（   ）

   A. 继承性　　　　　　　　　B. 等级性

   C. 历史性　　　　　　　　　D. 民族性

3. ［单选题］世界上最早专门论述教育的著作是（　　）。
   A.《学记》　　　　　　　　　　B.《论语》
   C.《论演说家的教育》　　　　　D.《理想国》

4. ［单选题］在科学分类中，首次将教育学作为一门独立的学科划分出来的学者是（　　）。
   A. 卢梭　　　　　　　　　　　B. 培根
   C. 康德　　　　　　　　　　　D. 洛克

5. ［单选题］法国启蒙思想家卢梭于 1762 年发表了一部小说体的教育名著，其中系统地阐述了他的自然主义教育思想。这部教育名著是（　　）。
   A.《理想国》　　　　　　　　　B.《巨人传》
   C.《教育论》　　　　　　　　　D.《爱弥儿》

6. ［单选题］提出"泛智"教育思想，探讨"把一切事物教给一切人类的全部艺术"的教育家是（　　）。
   A. 夸美纽斯　　　　　　　　　B. 赫尔巴特
   C. 赞可夫　　　　　　　　　　D. 布鲁纳

7. ［单选题］国外最早的教育学著作是（　　）。
   A.《理想国》　　　　　　　　　B.《政治学原理》
   C.《论雄辩家》　　　　　　　　D.《论演说家的教育》

8. ［单选题］教育活动与其他社会活动最根本的区别在于（　　）。
   A. 是否有目的的培养人　　　　B. 是否促进人的发展
   C. 是否促进社会发展　　　　　D. 是否具有组织性和系统性

9. ［单选题］在教育史上，提出著名的"白板说"和完整的绅士教育理论的学者是（　　）。
   A. 夸美纽斯　　　　　　　　　B. 洛克
   C. 裴斯泰洛齐　　　　　　　　D. 赫尔巴特

10. ［单选题］"道而弗牵，强而弗抑，开而弗达"出自（　　）。
    A.《学记》　　　　　　　　　　B.《论语》
    C.《礼记》　　　　　　　　　　D.《中庸》

11. ［单选题］以注重身心的和谐发展，教育内容比较丰富，教育方法比较灵活为特征的是古代（　　）教育。
    A. 希腊　　　　　　　　　　　B. 埃及
    C. 斯巴达　　　　　　　　　　D. 雅典

12. ［单选题］反映孔子教育思想的文献是（　　）。
    A.《学记》　　　　　　　　　　B.《论语》
    C.《礼记》　　　　　　　　　　D.《中庸》

【参考答案】
1. C　2. B　3. A　4. B　5. D　6. A　7. D　8. A　9. B　10. A　11. D　12. B

第二章　教育的功能

知识模块	考点细化	单选题	辨析题	简答题	材料分析题	重要程度
教育功能概述	概念、分类	√	√	—	—	★★
教育与社会的发展	生产力	√	√	√	—	★★
	政治经济制度	√	√	√	—	★★★
	文化	√	—	√	—	★★
	社会人口	√	—	—	—	★
教育与人的发展	发展的动因	√	—	—	—	—
	影响因素	√	√	√	√	★★★
	发展特点及规律	√	—	√	—	★★

第一节　教育功能概述

一、教育功能的概念（单选题）

　　教育是培养人的社会实践活动，这一本质决定了教育既是一个相对独立的系统，又是一个复杂而开放的系统。教育功能在系统内部表现为教育对个体发展的影响和作用，在整个社会系统中表现为教育对社会发展的影响和作用。所以，**教育功能是教育活动和系统对个体发展和社会发展所产生的各种影响和作用。**

二、教育功能的分类（单选题、辨析题）

（一）按作用的对象，教育功能可分为个体功能和社会功能

　　个体功能是指教育对个体发展的影响和作用。它由教育活动的内部结构特征所决定，发生于教育活动内部，所以也称为**教育的本体功能或教育的固有功能**。

　　社会功能是指教育对社会发展的影响和作用。教育作为社会结构的子系统，通过对人的培养进而影响社会的存在与发展。它不是教育自身的功能，而是教育培养的人参与社会实践活动而发生的功能。因此，教育的社会功能是教育的本体功能在社会结构中的衍生，是**教育的衍生功能，也称教育的工具功能**。

（二）按作用的方向，教育功能可分为正向功能与负向功能

正向功能是指教育有助于社会进步和个体发展的积极影响和作用。教育的育人功能、经济功能、政治功能、文化功能等往往是指教育正面的、积极的功能。

负向功能是指阻碍社会进步和个体发展的消极影响和作用。教育的负向功能即由于教育与政治、经济发展不适应，教育内部结构不合理等因素，使教育在不同程度上对人和社会的发展产生阻碍作用。

对于任何社会、任何时期来说，教育的正向功能和负向功能并存，但二者所占比例不同。多数时期的教育以正向功能为主，但其中也含有负向功能。

（三）按作用呈现的形式，教育功能可分为显性功能与隐性功能

显性功能是指教育活动依照教育目的，在实际运行中所出现的与之相吻合的结果，如促进人的全面和谐发展、促进社会的进步等，就是显性教育功能的表现。

隐性功能是指伴随显性教育功能所出现的非预期性的功能，如对有些家长而言，学校起到了照管孩子的作用。

第二节　教育与社会的发展

一、教育与生产力（单选题、辨析题、简答题）

（一）生产力对教育的决定作用

1. 生产力水平决定教育的发展规模和速度

教育发展的规模和速度与经济发展的水平有直接关系，社会经济和生产力发展的规模与速度决定着教育培养的各种规格、类型的劳动者的数量，制约着教育普及的程度。一般来说，一个国家经济发展的水平与该国的文盲率、入学率、义务教育普及的年限、高等教育发展的水平直接相关。

2. 生产力水平制约着教育结构的变化

教育结构通常由包括基础教育、职业技术教育、高等教育、成人教育在内的各种不同类型和层次的学校组合和比例构成。

生产力发展的水平对培养人的规格提出了一定的要求，即要求受教育者必须具有某种程度的文化水平和生产上所需的知识技术，生产力的发展也必然引起教育结构的变化。设立什么样的学校和专业以及各种专业间的比例都受生产力发展水平和产业结构的制约。

3. 生产力发展水平制约着教育的内容和手段

生产力发展促进了科学技术的发展，促进了人们认识能力和思维水平的进步，由此也促进了学校的课程结构与内容不断改进与更新。历史上每次重大的课程教学改革都反映了

生产力和科学技术发展的新水平以及新要求。

（二）教育对生产力的促进作用

1. 教育是劳动力再生产的重要手段

人是生产力中最基本的因素。通过教育，人可以掌握一定的科学知识、生产经验和劳动技术，即把可能而尚未掌握科学技术的劳动力变为掌握科学技能的现实的劳动力，从而形成新的生产力，提高劳动生产率，促进社会生产的发展。

2. 教育是科学知识再生产的手段

教育是实现科学知识再生产的重要手段，并且通过教育可以高效能地扩大科学知识的再生产，使原来为少数人所掌握的科学知识，在较短的时间内为更多的人所掌握，使科学知识得到普及，先进的生产经验得到推广，从而提高劳动生产效率，促进生产力的发展。教育的主要职能是传递人类已有的科学知识，但它也担负着发展科学、产生新的科学知识的任务。尤其是高等教育，通过创造和发明新的科学技术，发挥其扩大科学知识再生产的功能。

3. 教育是创新科学技术的重要手段

（1）教育不仅可以通过教学实现科学知识的再生产，还可以通过科学研究实现科学知识和新的生产力的生产。

（2）高等学校的基础研究和跨学科研究是创新科学技术的主要力量。

二、教育与政治经济制度（单选题、辨析题、简答题）

（一）政治经济制度对教育的制约

1. 政治经济制度决定着教育的领导权

在人类社会中，谁掌握了生产资料，谁掌握了政权，谁就支配着精神资料的生产，掌握着教育的领导权。

2. 政治经济制度决定着受教育权

一个国家设立怎样的教育制度，什么人接受什么样的教育，进入不同教育系列的标准怎样确定，基本上是由政治经济制度决定的。

3. 政治经济制度决定着教育目的

教育的根本任务是培养人。至于培养什么样的人，特别是培养出来的人应该具有什么样的政治方向和思想意识倾向，则是由一定的社会政治经济制度决定的。社会政治经济制度不同，教育目的也就不同。

（二）教育对政治经济的影响

1. 教育能为政治经济制度培养所需的人才

首先，教育通过培养社会治理人才和合格公民实现对政治经济制度的影响，是教育作用于政治经济制度的主要途径。其次，教育通过促进个人社会化来为一定的政治经济制度服务。

2. 教育可以促进政治民主

一个国家的民主程度直接取决于一个国家的政体，但又间接取决于这个国家人民的文化程度、教育事业发展的程度。教育普及的程度越高，人民的知识越丰富，就越能增强权利意识，认识民主的价值，推崇民主的政策，推动政治的改革和进步。

3. 教育通过传播思想形成舆论，作用在政治和经济上

学校是知识分子和青少年集中的地方，他们有知识、有见解，思想敏锐，勇于发表意见，可以通过教育者和受教育者的言论、行动、讲演、文章、学校的教材和刊物等来宣传一定的思想，造就一定的舆论，借以影响群众，为一定的政治和经济服务。

> **真题再现**
>
> 决定着教育领导权和受教育权的主要因素（　　　）。
>
> A. 社会生产力和科技发展水平　　　B. 社会人口数量和结果
>
> C. 社会文化传统　　　D. 社会政治经济制度
>
> 【答案】D

三、教育与文化（单选题、简答题）

在理解教育与文化的关系时，需要把握两点。第一，教育是一种特殊的文化现象；第二，教育与文化是相互依存、相互制约的关系。

（一）文化对教育的制约与影响

第一，文化知识制约教育的内容与水平。

第二，文化模式制约教育环境与教育模式。

第三，文化传统制约教育的传统与变革。

（二）教育的文化功能

第一，教育的**文化传承**功能。

第二，教育的**文化选择**功能。

第三，教育的**文化融合**功能。

第四，教育的**文化创新**功能。

四、教育与社会人口（单选题）

（一）人口对教育的制约作用

1. 人口的数量和增长速度是制约教育事业的规模和速度的重要因素

如果教育经费随着人口的增长而增长，教育规模必然扩大；如果教育经费不能增长，

必然导致两种结果：一是限制教育事业的发展，降低入学率；二是保持入学率，减少生均经费的支出，因为这两种情况都不利于教育的发展。现在许多发展中国家所面临的正是这样的难题。

2. 人口的质量影响着教育的质量

人口的质量是指人口的身体素质、文化修养和道德水平。人口的质量对教育质量的影响表现为直接和间接两个方面：直接影响是指入学者已有的水平（个体发展的重要的内部条件）对教育质量的总影响；间接影响是指年长一代的人口质量影响新生一代的人口质量，从而影响以新生一代为对象的学校教育质量。

3. 人口的结构影响着教育的发展

人口的结构包括人口的自然结构和社会结构。自然结构是指人口的年龄、性别等；社会结构是指人口的阶级、文化、职业、民族等。

4. 人口流动对教育的影响

在社会上，人口是处于流动状态的，人口有多种流动方式：城乡间、贫困地区向发达地区、发展中国家向发达国家等。这些流动影响到教育的规模、各地域教育的差异性、目标的制定、人才的培养、结构的选择、移民教育等方面。

（二）教育对人口再生产的作用

1. 控制人口数量

一个国家全体国民受教育程度的高低与人口出生率的高低成反比。

2. 提高人口质量

教育在提高人口质量方面的功能，首先表现在对青年一代的培养上；其次还表现在对成年人的教育上。

3. 改善人口结构，调整流动规律

教育可以使人口的流动从无序变为有序，使人口结构趋于合理化。

第三节　教育与人的发展

一、个体身心发展的动因（单选题）

（一）内发论

内发论（遗传决定论）强调人的身心发展是由自身的需要决定的，身心发展的顺序也是由人的生理机制决定的。内发论强调人的内在因素具有不可替代的作用，其贡献在于引导人们去认识人的内在力量，研究人的内部需要和内在的发展机制，但忽略了外在因素对人的影响，忽略了环境、人的能动性以及教育等的作用。内发论的代表人物有**孟子、弗洛**

伊德、威尔逊、格塞尔、高尔顿、霍尔、董仲舒等。

1. 孟子

孟子是中国古代内发论的代表人物。他认为，人的本性中就有"恻隐之心""羞恶之心""辞让之心""是非之心"四端，这是仁、义、礼、智四种基本品性的根源，只要人修身养性，向内寻求，这些品性就能得到发展（性善说）。

2. 弗洛伊德

奥地利精神分析学派的创始人弗洛伊德认为，人性的本能是最基本的自然本能，是推动人的发展潜在的、无意识的、最根本的动因。

3. 威尔逊

当代生物社会学家威尔逊把"基因复制"看作是决定人的一切行为的本质力量。

4. 格塞尔

美国心理学家格塞尔强调成熟机制对人的发展起决定作用。他认为，人的发展顺序由基因决定，教育想通过外部训练抢在成熟的时间表前面形成某种能力是低效的，甚至是徒劳的。

5. 高尔顿

高尔顿于 1869 年出版了他的代表作《遗传的天才》，书中说道："一个人的能力是由遗传得来的，它受遗传决定的程度，如同一切有机体的形态及躯体组织受遗传决定一样。"

6. 霍尔

霍尔提出"一两的遗传胜过一吨的教育"的观点，认为个体心理发展是人类进化过程的简单重复，个体心理发展由种系发展决定（复演说）。

7. 董仲舒

董仲舒把人性分为上、中、下三等（性三品说），即"圣人之性，不可名性；斗筲之性，又不可以名性。名性者，中民之性。"

（二）外铄论

外铄论（环境决定论）的基本观点是人的发展主要依靠外在的力量，如环境的压力、刺激和要求，他人的影响和学校教育。外铄论强调教育的价值，对教育的作用持乐观态度，关注的重点是学习。其代表人物有**墨子、荀子、洛克、华生**。

1. 墨子

墨子认为人的发展犹如将白布放进染缸，"染于苍则苍，染于黄则黄。所入者变，其色亦变"。

2. 荀子

荀子认为"今人生性，生而有好利焉，顺是，故争夺生而辞让亡焉""蓬生麻中，不扶而直；白沙在涅，与之俱黑"。

3. 洛克

英国哲学家洛克提出了"白板说"，认为"人的心灵犹如一块白板，它本身没有什么内容，可以任人涂抹、刻画，外部的力量决定了人的发展状况"。

4. 华生

美国行为主义心理学家华生。他甚至这样说："给我一打健康的婴儿，不管他们祖先的状况如何，我可以任意把他们培养成各种类型的人，从领袖到小偷。"

（三）多因素相互作用论

多因素相互作用论（共同作用论）是指辩证唯物主义认为个体发展是个体的内在因素与外部因素相互作用的结果。

二、影响个体发展的因素（单选题、辨析题、简答题、材料分析题）

（一）遗传

1. 遗传的概念

遗传是指从上代继承下来的解剖生理上的特点，这些生理特点也叫遗传素质。**遗传是个体发展的物质前提。**

2. 遗传的作用

（1）遗传素质是人的发展的生理前提，为人的发展提供了可能性。

正如遗传的概念所说，从上代继承下来的解剖生理上的特点，如机体的结构、形态、感官和神经系统的特点及本能、天赋倾向等，如果没有这些生理条件，人的发展就无法实现。

（2）遗传素质的成熟程度制约身心发展的过程及年龄特征。

人们常说："三翻、六坐、七滚、八爬。"这反映了人的遗传素质的发展过程。如果让六个月的婴儿学走路，不但是徒劳的，而且是无益的。

（3）遗传素质的差异对人的发展有一定的影响。

人的遗传素质的差异不仅表现在体态和感觉器官的功能上，也表现在神经活动的类型上。比如，在医院的婴儿室里，有的婴儿非常安静，有的却手舞足蹈、大哭大喊，这些差异都与神经活动的类型有关。

（二）环境

环境泛指个体生活其中，影响个体身心发展的一切外部因素。

1. 环境的构成

环境包括物质环境和精神环境两个方面。

2. 环境对人的作用

（1）环境为个体的发展提供了多种可能，包括机遇、条件和对象。

（2）环境对个体发展的影响有积极和消极之分。

（3）人在接受环境的影响和作用时是积极主动的。

（三）学校教育

1. 学校教育在人的身心发展过程中起主导作用

学校教育在一定意义上是一种特殊的环境，学校把改造过的自然、人与人之间的关系、社会意识形态等因素经过有目的地选择和提炼，按照人的发展特点，以系统化的形式作用于学生，对人的影响巨大而深远。其原因如下：

（1）学校教育是有目的、有计划、有组织地培养人的活动。

（2）学校教育是通过专门训练的教师来进行的，相对而言效果较好。

（3）学校教育能有效地控制影响学生发展的各种因素。

2. 学校教育在影响人的发展中起到的独特作用

（1）学校教育对个体发展做出社会性规范。

（2）学校教育具有加速个体发展的特殊功能。

（3）学校教育对个体发展的影响具有即时和延时的价值。

（4）学校具有开发个体特殊才能和发展个性的功能。

（四）个体的主观能动性

个体的主观能动性是人的一种内在需要和动力，是一种寻求发展的积极动机和渴望，它是人身心发展的内驱力，是促进个体发展从潜在的可能状态转向现实状态的决定性因素。从活动水平角度看，个体主观能动性由三个层次构成：第一个层次是人作为生命体进行的生理活动；第二个层次是个体的心理活动；第三个层次（最高层次）是社会实践活动。

真题再现

关于影响人的发展因素问题，曾出现过"生而知之"的"天才论"，这样理论属于（　　）。

A．教育万能论　　　　　　B．环境决定论

C．遗传决定论　　　　　　D．主观决定论

【答案】C

三、个体身心发展特点及规律（单选题、简答题）

个体的身心发展遵循着某些共同的规律，这些规律制约着教育工作。遵循这些规律，利用这些规律，可以使教育工作取得良好效果；反之，则可能事倍功半，甚至打击学生的信心。

（一）顺序性

儿童从出生到成年，其身心发展是一个由低级到高级、由量变到质变的连续不断的发

展过程，具有一定的顺序。

身体发展的顺序：从头部向下肢，从中心部位向全身的边缘方向，从骨骼到肌肉。

心理发展的顺序：由机械记忆到意义记忆，由具体思维到抽象思维，由一般情感到复杂情感。

因此，教育年轻一代时，必须遵循由具体到抽象、由浅入深、由简到繁、由低级到高级的顺序。

（二）阶段性

阶段性是指个体在不同的年龄阶段表现出身心发展不同的总体特征及主要矛盾，面临着不同的发展任务。不同发展阶段之间不是独立的，而是相互关联的，上一阶段的发展水平影响下一阶段发展方向的选择。因此，教育要适应年轻一代身心发展的阶段年龄特征和主要矛盾，要有针对性。

（三）不平衡性

个体发展的不平衡性表现在两个方面：

首先是同一方面的发展速度，在不同年龄阶段发展是不平衡的。如青少年的身高和体重有两个生长的高峰期。其次是不同方面的发展也存在不平衡性。如生理方面，神经系统、淋巴系统成熟在先，生殖系统成熟在后。再如心理方面，感知成熟在先，思维成熟在后，情感成熟则更晚。

（四）个别差异性

年轻一代在兴趣、爱好、意志、性格等方面也存在着个别差异，教育工作应注意学生的个别差异，做到因材施教，使每个学生都能迅速、切实地提高自己的水平。

（五）互补性

互补性反映了人的身心发展各个组成部分的相互关系。首先，机体某一方面的机能受损甚至缺失后，可通过其他方面的超常发挥得到补偿；其次，人的心理机能和生理机能之间也具有互补性。

人的身心发展的互补性要求教育者首先要帮助全体学生，特别是生理或心理机能方面有障碍、学业成绩落后的学生树立起信心，相信他们可以通过某方面的补偿性发展达到正常水平；其次，要帮助学生学会发挥自身优势，长善救失，发展精神力量，达到身心协调的目的。

章节配套练习

1. ［单选题］大多数发达国家已经普及 12 年义务教育，而发展中国家一般仅普及 9

年义务教育。这说明从根本上制约教育发展规模和速度的社会因素是（　　）。

A. 政治经济制度　　　　　　　　B. 生产力发展水平

C. 人口数量和质量　　　　　　　D. 社会意识形态

2. [单选题] 中国当前大力发展高等职业教育的举措反映了哪一因素对教育的影响？（　　）

A. 生产力　　　　　　　　　　　B. 政治经济制度

C. 文化　　　　　　　　　　　　D. 人口

3. [单选题] 有人认为，教育投资是有效的生产性投资。这种观点主要反映了教育的哪种功能？（　　）

A. 政治功能　　　　　　　　　　B. 经济功能

C. 文化功能　　　　　　　　　　D. 生态功能

4. [单选题] 人的发展既体现出量的积累，又表现出质的飞跃。当某些代表新质要素的量积累到一定程度时，就会导致质的飞跃，出现新的年龄特征。这表明人的发展具有（　　）。

A. 顺序性　　　　　　　　　　　B. 不平衡性

C. 阶段性　　　　　　　　　　　D. 个别差异性

5. [单选题] 如果让六个月的婴儿学走路，不但徒劳而且无益。同理，让四岁的儿童学高等数学，也难以成功。这说明（　　）。

A. 遗传素质的成熟程度制约着人的发展过程及其阶段

B. 遗传素质的差异性对人的发展有一定影响

C. 遗传素质具有可塑性

D. 遗传素质决定了人的发展的最终结果

6. [单选题] "唯上智与下愚不移""生而知之"等反映了影响人的发展因素的哪一理论？（　　）

A. 环境决定论　　　　　　　　　B. 遗传决定论

C. 教育万能论　　　　　　　　　D. 儿童学理论

7. [单选题] 从教育作用的对象来看，教育功能可分为个体发展功能和（　　）。

A. 正向功能　　　　　　　　　　B. 筛选功能

C. 协调功能　　　　　　　　　　D. 社会发展功能

8. [单选题] 强调人的身心发展的力量主要源于人自身的内在需要，身心发展的顺序也是由身心成熟机制决定的，该观点属于（　　）。

A. 内发论　　　　　　　　　　　B. 外铄论

C. 多因素相互作用　　　　　　　D. 白板说

9. [单选题] 人的身心发展速度在其整个发展进程中，呈现出加速与平缓交替发展的状态，这体现的是人身心发展的（　　）。

A. 顺序性　　　　　　　　　　B. 阶段性

C. 不平衡性　　　　　　　　　D. 个别差异性

10. [单选题] 马克思认为，复杂劳动等于倍加的简单劳动，这主要说明教育具有哪一功能？（　　）

A. 经济功能　　　　　　　　　B. 政治功能

C. 文化功能　　　　　　　　　D. 人口功能

【参考答案】

1. B　2. A　3. B　4. C　5. A　6. B　7. D　8. A　9. C　10. A

第三章 教育目的

知识模块	考点细化	单选题	辨析题	简答题	材料分析题	重要程度
教育目的概述	概念、层次结构、意义与价值	√	√	—	—	—
	概念辨析	—	√	—	—	★★
	制定依据	√	√	—	—	★
教育目的理论	宗教本位论	√	—	—	—	—
	社会本位论	√	—	—	—	★★
	个人本位论	√	—	—	—	★★
	教育无目的论	√	—	—	—	—
我国的教育目的	基本点	√	—	√	—	★★
	理论依据	√	—	—	—	★★
	全面发展教育的组成部分及其关系	√	√	√	—	★★★

第一节 教育目的概述

一、教育目的的概念（单选题）

教育是有目的培养人的活动，教育目的可以说是人们对教育活动的一种设计。一般说来，教育目的有广义和狭义之分。

广义的教育目的是指人们对受教育者的期望，即人们希望受教育者通过教育在身心诸方面发生什么样的变化，或产生怎样的结果。另外，国家和社会教育机构、学生家长、教师等都对新一代寄予的期望也可以理解为广义的教育目的。

狭义的教育目的是指国家对把受教育者培养成为什么样的人才的总的要求。

教育目的是教育的出发点和归宿，它贯穿教育活动的全过程，对教育活动有指导意义。

二、教育目的的层次结构（单选题、辨析题）

教育目的是各级各类学校遵循的总方针，但各级各类学校应有各自的具体工作方针和培养目标，这就决定了教育目的具有层次性。教育目的的层次如下：

第一层次，国家教育目的。

第二层次，各级各类学校的培养目标。

第三层次，课程目标。

第四层次，教师的教学目标。

三、教育目的与教育方针、培养目标（辨析题）

（一）教育目的与教育方针

教育方针是教育工作的宏观指导思想，是总的教育方向。其结构包括三个组成部分：

（1）教育性质和教育方向，如"教育必须为社会主义现代化建设服务；社会主义现代化建设必须依靠教育"。

（2）教育目的，即培养人的质量和规格要求，如"培养有社会主义觉悟，有文化的劳动者"。

（3）实现教育目的的基本途径和根本原则，如促进学生德、智、体、美、劳全面发展，贯彻"教育与生产劳动相结合"的原则等。

因此，教育方针**包括**教育目的，而教育目的是教育方针的重要组成部分之一。虽然教育目的与教育方针在学术上有严格的区别，但在实际情况中二者经常通用。

（二）教育目的与培养目标

教育目的是一个国家对其各级各类学校总体要求，即不论初等、中等、高等教育，还是理、工、农、医、师等，都要按照这个总的要求培养人。而培养目标是根据教育目的制定的某一级或某一类学校或某一个专业人才培养的具体要求，是国家总体教育目的在不同教育阶段或不同类型学校、不同专业的具体化，二者是**一般与个别**的关系。

培养目标必须依据教育目的来制定，不能脱离教育目的，而教育目的又必须通过各级各类学校，各专业的培养目标来体现和落实。一个国家的教育目的是唯一的，而培养目标却是多种多样的。

四、教育目的的意义和价值（单选题）

第一，教育目的是教育工作的出发点，对教育工作具有导向作用。

第二，教育目的对人们全面贯彻教育方针具有激励作用。

第三，教育目的是对教育效果进行衡量和评价的重要标准。

五、制定教育目的的基本依据（单选题、简答题）

第一，社会的政治、经济、文化是确定教育目的的主要根据。教育目的受生产力的制约，也受生产关系以及政治观点和政治制度制约，而且教育目的的制定还受到各国传统文化和世界先进文化的影响。

第二，人的自身发展特点与需要也是制定教育目的的重要依据。

第三，制定教育目的的基本依据还包括教育目的制定者的教育理想与价值观。

第二节　教育目的理论

一、宗教本位论（单选题）

宗教本位论主张使人在宗教的影响下，以皈依上帝为其生活理想，把人培养成虔信的宗教人士。

二、社会本位论（单选题）

社会本位论对教育目的所持的观点是从社会发展需要出发，注重教育的社会价值；主张教育目的是培养合格公民和社会成员；教育是国家的事业；评价教育要看其对社会发展的贡献指标。社会本位论的代表人物有**柏拉图、涂尔干、凯兴斯泰纳、孔德**。

1. 柏拉图

柏拉图确定的教育最终目的就是培养哲学家和军人，即奴隶主国家的最高统治者和保卫者。他主张教育由国家统一组织，希望通过教育培养儿童的习惯，使之获得理性。

2. 涂尔干

法国早期社会学家涂尔干认为，社会是超越个人的客观实体，强调教育按社会的需要和要求来培养人才。

3. 凯兴斯泰纳

德国教育家凯兴斯泰纳提出公民教育、劳作教学的思想，认为国家的教育制度只有一个目标，那就是造就公民。对劳动人民子女施以劳作训练和沙文主义教育，把他们培养成具有一定生产技术又绝对服从于资产阶级国家利益的工人和士兵。

4. 孔德

社会学创始人孔德说过，"真正的个人是不存在的，只有人类才存在，因为不管从哪方面看，我们个人的一切发展，都依赖于社会。"

三、个人本位论（单选题）

个人本位论对教育目的所持的观点有：从个体本能需要出发，强调教育要服从人的成长规律和满足人的需要；注重教育对个人的价值；主张教育的目的是培养"自然人"，发展人的个性，增进人的价值，促进个体自我实现。个人本位论的代表人物有**卢梭、裴斯泰洛齐、帕克、罗杰斯**。

1. 卢梭

开创个人本位论先河的是法国启蒙思想家、教育家卢梭。他认为社会制度是对个人发展的压迫，是人类罪恶的源泉，并提出教育目的应是培养自由的人。他认为教育应该是自然的、自由的，应顺应儿童的发展特点来进行。

2. 裴斯泰洛齐

瑞士教育家裴斯泰洛齐进一步发展了卢梭的学说，认为儿童生来就蕴藏着有各种天赋才能的种子，而教育的作用就是促使儿童的各种天赋才能的种子和谐发展。

3. 帕克

有"进步主义教育运动之父"之称的美国教育家帕克继承了卢梭的思想，认为"一切教育的目的，是人，是人的身体、思想和灵魂的和谐发展"。

4. 罗杰斯

个人本位论在当代的代表人物也是人本主义的代表人物，即美国著名的心理学家、教育学家罗杰斯。他认为教育的目的是要发展个体的自我意识，促进自我完善，使人的潜能得到充分发展。他反对学校压抑人性，主张建立民主的新型学校，认为"教师"一词应由"促进者"来代替。

四、教育无目的论（单选题）

教育无目的论的代表人物是美国的实用主义教育家杜威。他主张"教育即生活"的无目的教育理论。他认为，教育就是社会生活本身，是个人经验的不断扩大积累，教育过程就是教育目的。

五、教育目的的辩证统一论（单选题）

教育目的的辩证统一论即马克思主义的教育目的论。该理论把个体的发展放在一定的历史范围之内，放在各种社会关系中考察，因此应该把二者辩证地统一起来。

教育目的的辩证统一论准确地揭示了社会需要与个人发展的辩证关系及其对教育目的的意义，克服了个人本位论与社会本位论的片面性。

真题再现

在教育目的价值取向上，存在的两个典型对立的理论主张是（　　）。

A. 个人本位论与社会本位论　　B. 国家本位论与社会本位论

C. 全面发展论与个性发展论　　D. 国家本位论与个人本位论

【答案】A

第三节　我国的教育目的

一、我国教育目的的基本点（单选题、简答题）

（1）强调教育要为社会主义建设事业服务，指明了我国教育的社会主义方向和人才培养的政治导向。

（2）要求学生在德智体美劳等方面全面发展，说明了国家对培养人才的素质要求。

（3）教育与生产劳动相结合是实现我国当前教育目的的根本途径，指明了我国培养人才的根本途径。

二、我国教育目的的理论依据（单选题）

马克思在《资本论》等著作中阐述的关于人的全面发展的学说是我国确立教育目的的理论依据。其内容主要有以下几点：

（一）人的全面发展的含义

马克思认为，人的全面发展是指人的劳动能力，即人的智力和体力的全面协调发展，也包括人的道德的发展。

（二）人的全面发展学说的基本观点

（1）人的发展同其所处的社会生活条件是相联系的。

（2）旧式分工造成了人的片面发展。

（3）机器大工业生产为人的全面发展奠定了基础，提供了可能。

（4）社会主义制度是实现人的全面发展的社会制度条件。

（5）教育与生产劳动相结合是培养全面发展的人的唯一途径。

三、全面发展教育的组成部分及其关系（单选题、辨析题、简答题）

所谓全面发展教育，是对含有各方面素质培养功能的整体教育的一种概括，是为了使受教育者多方面得到发展而实施的多种素质培养的教育活动的总称，是由多种相互联系而又各具特点的教育组成的。

（一）全面发展教育的组成部分

1. 德育

德育是指教育者培养受教育者品德的活动。德育是各个社会共有的教育现象，具有历史性，在阶级社会里表现为鲜明的阶级性，又有一定的继承性。德育有广义和狭义之分。狭义的德育仅指道德教育；广义的德育，除道德教育外，还包括涉及人成长生活的其他品德内容，如思想教育、政治教育、法制教育、心理品质教育等。

德育是方向，是实施各育的思想基础，为其他各育起着保证方向和保持动力的作用。

2. 智育

智育是指向学生传授知识、训练技能、培养智能的教育。其基本任务如下：

（1）向学生系统传授科学文化基础知识，为学生各方面发展奠定良好的知识基础。

（2）培养和训练学生，使其形成基本技能。

（3）培养和发展学生的智力才能，增强学生各方面的能力。

（4）培养学生良好的学习品质和热爱科学的精神。

智育是其他各育的知识和智力基础，其他各育的实施都不能离开知识技能教育。

3. 体育

体育是指向学生传授身体运动及身体保健知识，增强学生体质、发展学生身体素质和运动能力的教育。其基本任务如下：

（1）指导学生身体锻炼，增强学生的体质。

（2）使学生掌握身体运动锻炼的科学知识和基本技能，掌握运动锻炼的方法，增强身体运动能力。

（3）使学生养成良好的身心卫生保健习惯。

（4）发展学生良好的品德，养成学生文明的习惯。

体育的内容包括田径、体操、球类、游戏、武术、军事六项。

体育的组织形式分为体育课（这是体育的基本组织形式）；早操、课间操；课外体育锻炼；运动队训练；运动竞赛。

4. 美育

美育是指培养学生正确的审美观点，发展他们感受美、鉴赏美和创造美的能力的教育。其基本任务如下：

（1）培养学生正确的审美观点，使他们具有感受美、理解美以及鉴赏美的知识和能力。

（2）培养学生艺术活动的技能，发展他们体现美和创造美的能力。

（3）培养学生的美好心灵和行为，使他们在生活中达到内在美与外在美的统一。

在我国，首次把美育作为教育方针的一部分提出来的是近代著名教育家**蔡元培**。

5. 劳动技术教育

劳动技术教育是指引导学生掌握劳动技术知识和技能，形成劳动观点和习惯的教育。它帮助学生把脑力劳动和体力劳动结合起来，促进学生的全面发展，为学生的就业和生活打下劳动技术知识、劳动技能和劳动态度的基础。劳动技术教育是普通学校教育的必要组成部分。

（二）五育之间的关系

在全面发展教育中，各育相互联系，但又相对独立，各自发挥着不可替代的作用。

德育在全面发展教育中起着灵魂和统帅的作用，为其他各育提供了方向性的保证；智育在全面发展的教育中起着前提和支持作用，为其他各育提供了知识基础和能力基础；体育在全面发展教育中起着基础作用，为其他各育提供了物质基础；美育在全面发展教育中起着动力作用；劳动技术教育是各育的实践基础，起着综合德育、智育、体育和美育的作用。

章节配套练习

1. [单选题] 在教育目的的价值取向上，主张教育是为了使人增长智慧、发展才干、生活更加充实幸福的观点属于（　　）。
   A. 个人本位论　　　　　　　　B. 社会本位论
   C. 知识本位论　　　　　　　　D. 能力本位论

2. [单选题] 我国教育目的的理论基础是（　　）。
   A. 素质教育　　　　　　　　　B. 马克思主义关于人的全面发展学说
   C. 应试教育　　　　　　　　　D. 著名学者的学说

3. [单选题] 卢梭从自然教育观出发，提出了培养自然人的教育目的。这种教育目的观属于（　　）。
   A. 社会本位论　　　　　　　　B. 个人本位论
   C. 宗教本位论　　　　　　　　D. 自然本位论

4. [单选题] 培养劳动者是（　　）。
   A. 社会主义教育目的的总要求　　B. 对人才培养规格的具体要求
   C. 我国教育目的的根本特点　　　D. 学校的教育质量标准

5. [单选题] "君子欲化民成俗，其必由学乎""古之王者，建国君民，教学为先"体现了（　　）的教育目的观。
   A. 教育无目的论　　　　　　　B. 社会本位论
   C. 科学本位论　　　　　　　　D. 个人本位论

6. [单选题] 确定教育目的的客观依据是（　　）。
   A. 哲学观念　　　　　　　　　B. 人性假设
   C. 理想人格　　　　　　　　　D. 生产力和科技发展水平

7. [单选题] 关于全面发展的教育质量观，以下选项中说法错误的是（　　）。

　　A. 人才的规格问题，从根本上说，是个性全面发展的问题

　　B. 要求在教育工作中，要承认学生的个人特点，把全面发展与因材施教结合起来

　　C. 全面发展强调五育并举，就是坚持学生的平均发展

　　D. 全面发展教育指坚持学生在德、智、体、美、劳诸方面都得到发展的教育

【参考答案】

1. A　2. B　3. B　4. A　5. B　6. D　7. C

第四章　教育制度

知识模块	考点细化	单选题	辨析题	简答题	材料分析题	重要程度
教育制度概述	概念	√	—	—	—	★
	建立依据	√	√	√	—	★★
	发展趋势	√	—	√	—	—
现代学制的形成和发展	现代学制的类型	√	—	—	—	★★★
	旧中国学制	√	—	—	—	★★★

第一节　教育制度概述

一、教育制度的概念（单选题）

教育制度是指一个国家各级各类教育机构与组织的体系及其管理规则，包括相互联系的两个基本方面：一方面是各级各类教育机构与组织；另一方面是教育机构与组织体系赖以存在和运行的一整套规则，如各种相关的教育法律、规则、条例等。

广义的教育制度指国民教育制度，是指一个国家为实现其国民教育目的，从组织系统上建立起来的一切教育设施和有关规章制度的总和。具体而言，教育制度应包括生活惯例习俗、教育教学制度、学校教育制度（学校管理制度）、教育行政体制、教育政策法规、教育价值理念。

狭义的教育制度指学校教育制度，简称学制，是指一个国家各级各类**学校**的系统及其管理规则，它具体规定了各级各类学校的性质、任务、入学条件、修业年限以及它们之间的关系。

学校教育制度是现代教育制度的**核心**部分与主体。

二、学制建立的依据（影响学制的因素）（单选题、辨析题、简答题）

第一，学制的建立首先取决于社会生产力发展水平和科学技术发展状况。

第二，学制受社会制度的制约，反映一个国家教育方针的要求。

第三，学制的建立要考虑到人口状况。

第四，学制的建立要依据青少年儿童的年龄特征。

第五，学制的建立既要吸取原有学制中有用的部分，又要参照外国学制的经验。

三、现代教育制度的发展趋势（单选题、简答题）

由于社会生产力水平的不断提高，新的动力资源的开发和科学技术的巨大进步，给现代社会经济、政治、军事、文化带来了一系列的急剧变化。为了适应这种急剧的变化，无论是发达国家还是发展中国家，都在进行学校教育制度的改革，大致趋势如下：

第一，加强学前教育及其与小学教育的衔接。

第二，提早入学年龄，延长义务教育年限。

第三，普通教育和职业教育朝着综合统一的方向发展。

第四，高等教育的类型日益多样化。

第五，终身教育体系的建构。自从**法国**成人教育家**保罗·朗格朗**（被称为**"终身教育之父"**）的《终身教育引论》（1970年出版）问世以来，终身教育在国际上产生了广泛的影响。

第六，学历教育与非学历教育的界限逐渐淡化。

第七，教育制度有利于国际交流。

第二节 现代学制的形成和发展

现代学制最早出现在欧洲。其主要有三种类型：双轨学制、单轨学制和分支型学制。原来的西欧学制属双轨学制，美国学制属于单轨学制，苏联学制则属于分支型学制。

一、欧美现代学制的类型（单选题）

（一）西欧双轨学制

英国是典型的双轨学制代表国家，法国、德国等欧洲国家的学制都属这种学制。双轨学制一轨自上而下，其结构是大学（后来也包括其他高等学校）——中学（包括中学预备班）；另一轨自下而上，其结构是小学（后来是小学和初中）——职业学校（先是与小学相连的初等职业教育，后发展为和初中相连的中等职业教育）。

双轨学制有两个平行的系列。它们既不相通，也不相接，最初甚至也不对应，因为一轨从中学开始，另一轨则只有小学。这样就剥夺了在群众性小学上学的劳动人民子女升入中学和大学的权利。后来，群众性小学发展到了中学，才有了初中这个相对应的部分。欧洲国家的学制都曾是这种双轨学制。

（二）美国单轨学制

美国的现代学制最初也是双轨学制，但美国历史发展与欧洲资本主义国家的历史发展不同，因此，学术性的一轨没有充分发展，群众性的新学校迅速发展起来，从而开创了从小学直至大学、形式上任何儿童都可以入学的单轨学制。这种学制有利于教育的普及，在形式上保证了任何学生都可以由小学到中学直至大学。

（三）苏联分支型学制

分支型学制也称中间型学制或是"Y"型学制，这种学制既有上下级学校间的相互衔接，又有职业技术学校横向的相互联系，因此形成了立体式的学制。

> **真题再现**
>
> 在学制发展过程中，有些国家规定学生在小学和初中阶段接受统一的基础教育，初中以后可以接受普通教育或职业教育。这些国家的学制类型属于（ ）。
>
> A．单轨学制   B．双轨学制
>
> C．多轨学制   D．分支型学制
>
> 【答案】D

二、我国现代学制的沿革（单选题）

（一）中华人民共和国成立前我国学制的沿革

学制是学校教育发展到一定历史阶段的产物，具有完整体系的学制是以现代学制的出现为标志。我国现代学制建立比欧美现代学制的建立晚，到清末才出现。1840 年鸦片战争后，我国开始沦为半殖民地半封建社会。帝国主义列强的疯狂侵略和国内资本主义势力的兴起，迫使清政府不得不对延续几千年的封建教育制度进行改革，采取"废科举，兴学堂"的措施，开始了我国现代学制改革。我国学制的沿革见表 4-1。

表 4-1　我国学制的沿革

学制名称	颁布时间	颁布者	特点	地位
壬寅学制	1902 年	清政府	—	《钦定学堂章程》，第一个现代学制，颁布未实施
癸卯学制	1903 年—1904 年	清政府	该学制主要承袭了日本的学制，以洋务派思想为主导，这个学制的指导思想是"中学为体，西学为用"，其宗旨是"忠君、尊孔、尚公、尚武、尚实"	我国正式实施的第一个现代学制

续表

学制名称	颁布时间	颁布者	特点	地位
壬子癸丑学制	1912年—1913年	南京临时政府	第一次规定了男女同校，废除读经，充实了自然科学的内容，将学堂改为学校	我国教育史上第一个具有资本主义性质的学制
壬戌学制	1922年	北洋政府	以美国学制为蓝本，颁布了"壬戌学制"，又称"新学制"或"六三三学制"	对我国影响时间最长的学制

（二）我国现行学校教育制度

首先，从层次上看，我国现行学校教育制度包括学前教育、初等教育、中等教育和高等教育四个层次。

（1）学前教育（幼儿园）：对幼儿进行启蒙教育，使他们的身心可以全面发展，为接受小学教育打下良好基础。

（2）初等教育：主要是指全日制小学教育，学制为五至六年。

（3）中等教育：是指全日制普通中学、中等专业学校和技工学校等各类中等职业技术学校及业余中学。

（4）高等教育：是指全日制大学、专门学院、专科学校、研究生院和各种形式的业余大学。其任务是为国家培养各种各样的高级专门人才。

其次，从类别结构上看，我国现行学校教育可划分为基础教育、职业技术教育、高等教育、成人教育和特殊教育五大类。

最后，从学制类型上看，我国现行学制是从单轨学制发展而来的分支型学制。

章节配套练习

1. [单选题] 我国近代教育史上，对封建教育制度所进行的"废科举、兴学堂"等改革始于（　　）。

   A. 明朝末期　　　　　　　　B. 清朝初期

   C. 清朝末期　　　　　　　　D. 民国初期

2. [单选题] 在学制发展过程中，有些国家规定学生在小学和初中阶段接受统一的基础教育，初中以后可以接受普通教育或职业教育。这些国家的学制属于（　　）。

   A. 单轨学制　　　　　　　　B. 双轨学制

   C. 多轨学制　　　　　　　　D. 分支型学制

3. [单选题] 在我国近代学制改革中，明确规定将学堂改为学校，实行男女教育平等，允许初等小学男女同校的学制是（　　）。

A. 壬寅学制　　　　　　　　　　B. 癸卯学制

C. 壬子癸丑学制　　　　　　　　D. 壬戌学制

4. [单选题] 英国政府1870年颁布的《初等教育法》一方面保持了原有的专为资产阶级子女服务的学校系统；另一方面为劳动人民的子女设立了国民小学、职业学校。这种学制属于（　　）。

A. 双轨学制　　　　　　　　　　B. 单轨学制

C. 中间型学制　　　　　　　　　D. 分支型学制

5. [单选题] 1904年，清政府颁布了由张之洞、张百熙等人制定的《奏定学堂章程》，史称（　　），这个学制体现的是张之洞的"中学为体，西学为用"的思想，吸收了日本明治维新时期的学制形式，也保留了一定的封建科举制度的残余。该学制最大的特点是修业年限长，从小学堂到大学堂需要21年，至通儒院需要26年。它也是我国正式实施的第一个学制。

A. 六三三学制　　　　　　　　　B. 五四学制

C. 壬寅学制　　　　　　　　　　D. 癸卯学制

6. [单选题] 我国2006年修订后颁布的《义务教育法》规定，义务教育实行国务院领导，省、自治区、直辖市人民政府统筹规划实施，由（　　）。

A. 地方级人民政府为主管理的体制　B. 县级人民政府为主管理的体制

C. 乡级人民政府为主管理的体制　　D. 镇级人民政府为主管理的体制

7. [单选题] 通常把一个国家各级各类学校的总体系称为（　　）。

A. 国民教育制度　　　　　　　　B. 学校教育制度

C. 教育管理体制　　　　　　　　D. 学校教育结构

【参考答案】

1. C　2. D　3. C　4. A　5. D　6. B　7. B

第五章　学生与教师

知识模块	考点细化	单选题	辨析题	简答题	材料分析题	重要程度
学生	本质属性、社会地位、权利和义务	√	—	—	—	—
教师	职业性质与劳动特点	√	—	—	—	—
	教师素养	√	—	√	—	—
	教师专业发展	√	—	√	—	★★★
师生关系	模式	√	—	—	—	—
	良好师生关系的建立	—	—	√	—	—

第一节　学　　生

一、学生的本质属性（单选题）

（1）学生是教育的对象。

（2）学生是自我教育和发展的主体。

（3）学生是发展中的人。学生具有和成人不同的身心发展特点，具体表现为**可塑性、依附性和向师性**。学生具有发展的巨大潜在可能性，也具有获得人文关怀的需要。

二、学生的社会地位（单选题）

（一）学生社会地位的保障

1989 年 11 月 20 日，联合国大会通过了《**儿童权利公约**》。**其核心精神**正是出于对青少年儿童的社会权利主体地位的维护。《儿童权利公约》的基本原则如下：

（1）无歧视原则。

（2）尊重儿童尊严原则。

（3）尊重儿童观点与意见原则。

（4）儿童利益最佳原则。

（二）学生的身份

对中小学生身份的定位可以从三个层面进行：

第一层面，中小学生是**国家公民**。

第二层面，中小学生是国家和社会**未成年的公民**。

第三层面，中小学生是**接受教育的未成年公民**。

由此，中小学生是在**国家法律认可的各级各类中等或初等学校或教育机构中接受教育的未成年公民**。

三、学生的权利和义务（单选题）

（一）学生的权利

1. 人身权

人身权是公民权利中最基本、最重要、内涵最为丰富的一项权利。

身心健康权包括保护未成年学生的生命健康、人身安全、心理健康等，如合理安排学习时间和作业量，合理安排学生的体育锻炼，定期组织身体检查，安排有利于学生身心健康的社会活动等。

人身自由权是指未成年学生有支配自己人身自由和行动的自由，非经法定程序，不受非法拘禁、搜查和逮捕，如教师不得因为各种理由随意对学生进行搜查，不得对学生关禁闭。

人格尊严权是指学生享有受他人尊重，保持良好形象及尊严的权利。如教师不得对学生进行谩骂、变相体罚或其他有侮辱学生人格尊严的行为。

隐私权是指学生有权要求私人的、不愿或不便让他人获知或干涉的、与公共利益无关的信息或生活领域受到保护的一种人格权，如教师不得随意宣扬学生的缺点或隐私，不得随意私拆、毁弃学生的信件、日记等。

名誉权和荣誉权指学生有权享有根据自己日常生活行为、作风、观点和学习表现而形成的关于其道德品质、才干及其他方面的正常的社会评价，有权根据自己的优良行为而由特定社会组织授予的积极评价或称号，他人不得歪曲、诽谤、诋毁或非法剥夺。

2. 受教育权

受教育权是学生最主要的权利。我国一系列的法律都对此进行了规定。

《中华人民共和国教育法》规定"公民不分民族、种族、性别、职业、财产状况、宗教信仰等，依法享有平等的受教育机会。"

受教育权包括两个基本要素：一是公民均有上学接受教育的权利；二是国家提供教育设施，培养教师，为公民受教育创造必要机会和物质条件。

受教育权主要有如下类别和内容：

（1）参加教育教学计划安排的各种活动，使用教育教学设施、设备、图书资料。

（2）按照国家有关规定获得奖学金、贷学金、助学金。

（3）在学业成绩和品行上获得公平评价，完成规定的学业后获得相应的学业证书、学位证书。

（4）对学校给予的处分不服向有关部门提出申诉，对学校、教师侵犯其人身权、财产权等合法权益，提出申诉或者依法提起诉讼。

（5）法律法规规定的其他权利。

（二）学生的义务

《中华人民共和国教育法》规定学生应尽的义务如下：

（1）遵守法律法规。

（2）遵守学生行为规范，尊敬师长，养成良好的思想品德和行为习惯。

（3）努力学习，完成规定的学习任务。

（4）遵守所在学校或者其他教育机构的管理制度。

第二节　教　　师

一、教师的职业性质与劳动特点（单选题）

（一）职业性质

《中华人民共和国教师法》第一章第三条对教师的概念做出了全面、科学的界定：教师是履行教育教学职责的专业人员，承担教书育人、培养社会主义事业建设者和接班人、提高民族素质的使命。**第一次从法律上确认了教师社会地位的专业性。**

这一界定包含了两方面内容：

（1）教师职业是一种专门职业，教师是专业人员。

（2）教师是教育者，教师职业是促进个体社会化的职业。

（二）劳动特点

1. 教师劳动的复杂性和创造性

（1）教师劳动的复杂性。

教师劳动的复杂性主要体现在：第一，教育目的的全面性；第二，教育任务的多样性；第三，劳动对象的差异性。

（2）教师劳动的创造性。

教师劳动的创造性主要体现在：第一，因材施教；第二，教学方法上的不断更新；第三，教师需要"教育机智"。

2．教师劳动的连续性和广延性

（1）教师劳动的连续性。

教师劳动的连续性是指时间的连续性。教师的劳动没有严格的交接班时间界限。

（2）教师劳动的广延性。

教师劳动的广延性是指空间的广延性。教师没有严格界定的劳动场所，课堂内外、学校内外都可能成为教师劳动的空间。

3．教师劳动的长期性和间接性

（1）教师劳动的长期性。

教师劳动的长期性是指人才培养的周期比较长，教育的影响具有迟效性。其主要表现在两个方面：第一，教师的劳动成果是人才，而人才培养的周期比较长；第二，教师对学生所施加的影响往往要经过很长的时间才能见效。

（2）教师劳动的间接性。

教师劳动的间接性（劳动效果的隐含性）是指教师的劳动不直接创造物质财富，而是以学生为中介实现教师劳动的价值。教师劳动的结晶是学生，是学生的品德、学识和才能，待学生走上社会，由他们来为社会创造财富。

4．教师劳动的主体性和示范性

（1）教师劳动的主体性。

教师劳动的主体性是指教师自身可以成为活生生的教育因素和具有影响力的榜样。对于教师来说，首先，教育教学过程就是教师直接用自身的知识、智慧、品德影响学生的过程；其次，教师劳动工具的主体化也是教师劳动的主体性的表现。

（2）教师劳动的示范性。

教师劳动的示范性是指教师的言行举止，如人品、才能、治学态度等都会成为学生学习的对象。教师劳动的示范性特点是由学生的可塑性、向师性心理特征决定的。同时，教师劳动的主体性也要求教师的劳动具有示范性特点。

二、教师的职业素养（单选题、简答题）

教师素养是指教师旨在养成胜任教师职业所需的各种素质而进行的自觉、持续的修习涵养过程及其综合发展水平，包括道德素养、知识素养、能力素养、心理素养、身体素养。

（一） 道德素养

教师的道德素养包括思想素养、政治素养和职业道德素养。

1. 思想素养

（1）科学的世界观。

（2）积极的人生观。

（3）崇高的职业理想。

2. 政治素养

（1）教师应把马克思主义作为工作的理论基础。

（2）教师要以科学的态度对待马克思主义。

（3）教师应自觉树立共产主义的奋斗方向。

3. 职业道德素养

职业道德素养是一定社会或阶级对教师职业行为的基本要求，是教师在职业活动中必须遵循的道德规范和行为准则。教育部、中国教科文卫体工会全国委员会共同发布的《中小学教师职业道德规范》（2008 年修订）中规定，**教师职业道德包括爱国守法、爱岗敬业、关爱学生、教书育人、为人师表、终身学习。**

（二） 知识素养

1. 教师需具有学科知识素养

（1）精通所教学科的基础性知识和技能。

（2）了解与该学科相关的知识。

（3）了解学科的发展脉络。

（4）了解该学科领域的思维方法和方法论。

2. 教师需要具备的教育专业素养

（1）树立正确的教育观念。

（2）掌握相应的教育学科理论。

3. 文化知识

教师要具有广泛而深刻的文化背景知识，打破专业和学科的界限，文理兼修，才能有利于教育教学工作的顺利开展。

（三） 能力素养

教师的能力素养包括基础能力素养和专业能力素养两部分。

（1）基础能力素养，如智能素养、语言表达素养等。

（2）专业能力素养，如教学设计能力、组织管理能力、研究能力等。

（四）心理素养

教师的心理素养包括愉悦的情感、良好的人际关系、健全的人格等。

（五）身体素养

教师的身体素养包括耳目敏锐、声音洪亮、耐受力强和反应敏捷等。

三、教师的专业发展（单选题、简答题）

（一）教师专业发展的概念

教师作为专业人员，在专业理想、专业知识、专业能力、专业自我等方面不断发展和完善，不断接受新知识，增长专业技能，这也是从新手到专家型教师的过程。

（二）教师专业发展的阶段

福勒和布朗根据教师所关注的焦点问题，把教师的发展分为三个阶段：关注生存阶段、关注情境阶段、关注学生阶段。

（1）关注生存阶段。

该阶段的教师非常关注自己的生存适应性，他们经常关心的问题通常有：学生喜欢我吗，同事们怎么看我，领导是否觉得我干得不错，等等。

（2）关注情境阶段。

该阶段的教师所关注的是如何教好每一堂课的内容，他们总是关心诸如班级大小、时间的压力和材料是否充分等与教学情境有关的问题。

（3）关注学生阶段。

该阶段的教师将考虑学生的个别差异，认识到不同发展水平的学生有着不同的社会和情感需要。能否自觉关注学生是衡量一个教师是否成长成熟的重要标志之一。

（三）成长途径

一般认为，教师专业发展有三种取向：理智取向、实践—反思取向、文化生态取向。

第一，**理智取向**主张教师通过正规的培训，向专家学习先进的"学科知识"和"教育知识"，以提高教育理性认识水平和教学技能。

第二，**实践—反思取向**主张教师通过实践反思，发现教育教学意义，获得实践智慧，主要方法有写日记、传记、构想、文献分析、教育叙事、教师访谈、参与性观察等。

第三，**文化生态取向**认为教师专业发展不仅靠个人努力，在更大程度上依赖于"教学文化"或"教师文化"为其工作提供意义、支持和身份认同，主要方法是通过学习团队建设进行协同教学、合作教研，实现共同发展。

教师专业发展应该是这三种取向的整合。在职教师的专业成长可以采取如下具体方式：

1. 观摩和分析优秀教师的教学活动

课堂教学观摩可分为组织化观摩和非组织化观摩。组织化观摩是有计划、有目的的观摩，非组织化观摩则没有这些特征。一般来说，为培养新教师和教学经验欠缺的年轻教师宜进行组织化观摩，这种观摩可以是现场观摩（如组织听课），也可以是观看优秀教师的教学录像。两种形式的观摩都要求观摩者有相当完备的理论知识和洞察力，这样才能达到观摩学习的目的。观摩和分析有助于观摩者学习优秀教师驾驭专业知识，进行教学管理，调动学生积极性等方面的教育机制和教学能力。

2. 开展微格教学

微格教学指以少数的学生为对象，在较短的时间内（5~20分钟），尝试进行小型的课堂教学，还可以把教学过程录制成视频，课后再对其进行分析。这是训练新教师有效提高教学水平的一个重要途径。

3. 进行专门训练

要促进新教师成长，也可以对其进行专门训练。有人提出将"有效的教学策略"传授给教师，其中的关键程序如下：

（1）每天回顾。

（2）有意义地呈现新材料。

（3）有效地指导课堂作业。

（4）布置家庭作业。

（5）每周、每月回顾。

4. 反思教学经验

对教学经验的反思又称"反思性实践或反思性教学"，这是一种思考教育问题的方式，要求教师具有做出理性选择并对这些选择承担责任的能力。波斯纳提出了一个教师成长公式：经验+反思=成长。他还指出，没有反思的经验是狭隘的经验，至多只能形成肤浅的知识。如果教师仅仅满足于获得教学经验而不对经验进行深入思考，那么他的发展将大受限制。

布鲁巴奇等人于1994年提出了四种反思教学经验的方法，供教师参考。第一，反思日记；第二，详细描述；第三，交流讨论；第四，行动研究。

在课堂教学中，张老师能考虑学生的不同需要，关注他们的个体差异。按福勒等人所划分的教师成长阶段，张老师的成长处于（　　　）。

A. 关注生存阶段　　　　　　　B. 关注学生阶段

C. 关注情境阶段　　　　　　　D. 关注结果阶段

【答案】B

第三节　师生关系

师生关系是指学生和教师在教育、教学活动中结成的相互关系，包括彼此所处的地位、作用和相互对待的态度。师生关系是教育活动过程中人与人关系中最基本的、最重要的关系。

一、师生关系的模式（单选题）

（一）放任型的师生关系

这一类型的师生关系模式**以无序、随意、放纵为其心态和行为特征**。在教学中，教师采取放任的作风，却不负任何实际责任，给予学生充分的自由，要他们学习自己所感兴趣的东西。教师既不控制学生的行为，也不指示学习的方法，一切活动由学生自己进行。

（二）专制型的师生关系

这一类型的师生关系模式**以命令、权威、疏远为其心态和行为特征**。教师在教室内采取专制的作风，并担负全部责任，计划班级的学习活动，安排学习的情境，指导学习的方法，控制自己的行为。学生没有自由，只是听从教师的命令，往往对教师敬而远之。

（三）民主型的师生关系

这一类型的师生关系模式**以开放、平等、互助为其主要心态和行为特征**。教师在教室内，以民主的方式教学，重视集体的作用，与学生共同计划，共同讨论教学方法，帮助学生设立目标，指引学生针对目标学习。

二、如何建立良好的师生关系（简答题）

（一）了解和研究学生

了解和研究学生主要包括三个方面：了解和研究学生个人；了解学生的群体关系；了解和研究学生的学习和生活环境。

（二）树立正确的学生观

教师既要把学生视为教育的对象，又把学生视为学习的主人；既要耐心细致地做好各项指导工作，又要充分调动学生的积极主动性，尊重学生，理解学生，热爱学生。

（三）提高教师自身的素质

教师的道德素养、知识素养和能力素养是学生尊重教师的重要条件，也是教师提高教育影响力的保证。教师以其高尚的品德、渊博的知识、高超的教育教学艺术来为学生提供高效而优质的服务，也必然会赢得学生的尊重和爱戴。

（四）发扬教育民主

教师要以平等的态度对待学生，而不能以"权威"自居。在教育教学中，要尊重学生的看法，鼓励学生质疑，发表不同意见，以讨论、协商的方式解决争端。要营造一种民主的氛围，保护学生的积极性，保证学生具有安全感。

（五）正确处理师生矛盾

在教育教学过程中，师生之间发生矛盾是难免的。因此教师要善于控制自己的情绪，冷静全面地分析矛盾，正视自身的问题，敢于进行自我批评，对学生的错误进行耐心的说服教育或必要的等待、解释等。要能与学生心理互换，设身处地为学生着想，理解学生，帮助学生，满足学生的正当要求，引导学生自省改错。

章节配套练习

1. ［单选题］人们常说"教学有法，但无定法"，这反映了教师的劳动具有（　　）。
   A. 连续性　　　　　　　　B. 示范性
   C. 长期性　　　　　　　　D. 创造性

2. ［单选题］陶行知先生"捧着一颗心来，不带半根草去"的教育信条体现了教师的（　　）素养。
   A. 教育理论知识　　　　　B. 崇高的职业道德
   C. 文化学科知识　　　　　D. 过硬的教学基本功

3. ［单选题］每学期开学前，王老师总是根据自己所教班级的人数、课时量以及备课资料是否充分等来安排自己的教学方式与教学进度。根据富勒与布朗的观点，王老师处于教师成长的哪个阶段？（　　）
   A. 关注生存　　　　　　　B. 关注情境
   C. 关注学生　　　　　　　D. 关注自我

4. [单选题] 根据富勒等人的教师发展阶段论，衡量教师发展成熟的重要标志是能否自觉关注（   ）。

A. 生存   B. 情境

C. 未来   D. 学生

5. [单选题] 李老师经常自觉地对自己的讲课过程进行分析，进行全面深入的归纳与总结，以不断地改善自己的教学行为，提高自己的教学水平。李老师的做法是基于下列哪种专业发展方式？（   ）

A. 教学实践   B. 教学研究

C. 自我发展   D. 教学反思

6. [单选题] "十年树木，百年树人"隐喻了教师劳动具有（   ）。

A. 连续性   B. 长期性

C. 创造性   D. 示范性

【参考答案】

1. D　2. B　3. B　4. D　5. D　6. B

有任何疑问或者建议

都可以扫码反馈哦~

第二模块

课　程

第六章 课 程

知识模块	考点细化	单选题	辨析题	简答题	材料分析题	重要程度
课程概述	概念	√	—	—	—	★★
	类型	√				★★★
	制约因素	√	—	√		★
	主要理论流派	√	—	√		★★
课程设计	概念、模式	√				—
	组织形式	√				★
	课程文件的三个层次	√	√	√	—	★★★
课程资源	概念、分类	√				—
课程实施	概念、基本取向	√				—
课程评价	概念、主要模式	√	—	—	—	—
新课程改革	时代背景、基础与核心理念	√				—
	目标	√	—	√	—	★★
	具体内容	√	√	—	√	★★★

第一节 课程概述

一、课程的概念（单选题）

在西方，"课程"一词最早源于拉丁语"currere"，意指像跑马道一样的东西，有"跑道""履历"之意。根据这个词源，"课程"最常见的意义是"学习的进程"。

"课程"一词在我国始见于唐宋时期。唐朝孔颖达为《诗经》作注："维护课程，必君子监之，乃得依法制。"**这是我国迄今为止所能见到的"课程"一词的最早使用。**这里的"课程"并不是现代意义上的课程。宋朝朱熹在《朱子全书·论学》中多次提及"课程"，如"宽着期限，紧着课程""小立课程，大作功夫"等。这里的"课程"是指功课及其进程。

在西方，"课程"一词最早出现在英国教育家斯宾塞的《什么知识最有价值》一文中。一般认为，美国学者博比特在1918年出版的《课程》一书标志着课程作为专门研究领域诞生了。

大部分教育工作者认为，课程有广义、狭义之分。**广义的课程**是指学生在校期间所学内容的总和及进程安排。狭义的课程特指某一门学科。

二、课程的类型（单选题）

（一）学科课程与活动课程

按照内容的属性，课程可以分为学科课程与活动课程。

学科课程主要学习间接经验，活动课程则主要学习直接经验。学科课程主要是从各学科领域中精选的部分内容，按照该领域的逻辑结构构成的知识体系。活动课程是指关注学生兴趣、动机和实践，体现学习者中心的一种课程形态。学科课程是学校课程的基本形式。

当前，我国新一轮课程改革考虑到过去只重视学科课程而忽视活动课程的弊端，从小学到高中均开设综合实践活动，并作为国家课程、必修课程存在。

（二）分科课程与综合课程

按照组织方式，课程可以分为分科课程与综合课程。

分科课程是从某一学科领域选择知识，并按照学科知识的逻辑结构加以组织的课程形态，分科课程的种类与科学知识分化情况密切相关。

综合课程是指打破传统分科课程的知识领域，将两个或两个以上的学科领域组合而成的课程。

当前，我国基础教育课程改革根据综合课程和分科课程的特点，建立了新型的课程结构。小学主要采用综合课程的方式，初中采用综合和分科并举的方式，高中主要采用分科课程的方式。

（三）国家课程、地方课程与学校课程

按照管理、开发主体的不同，课程可分为国家课程、地方课程与学校课程。

国家课程是由中央教育行政机构编制和审定的课程，其管理权属中央级教育机关。国家级课程是一级课程。它的编订宗旨是保证国家确定的普通教育的培养目标和普通教育的世界先进水平，规定了学生应掌握的基础知识和基本能力。

地方课程是由省、自治区、直辖市教育行政机构和教育科研机构编订的课程，属二级课程。它的编订宗旨是补充、丰富国家级课程的内容或编订本地区需要的教材。它既可以

安排学科类课程，也可以安排各种活动；既可以开设必修课，也可以开设选修课。

学校课程（也叫校本课程）是指在实施国家课程和地方课程的前提下，通过对本校学生的需求进行科学评估，充分利用当地社区和学习的课程资源而开发的多样性的、可供学生选择的课程。它通常以选修课或特色课的形式出现，学校课程的开发可分为新编、改编、选择和单项活动设计等。

国家课程能体现国家的利益和价值取向，地方课程能兼顾到不同地区、政治、文化、经济的多样性，校本课程能满足不同学校的特点和学生多样化的需求。在这次新课程改革中，课程管理开发权限进一步下放，在基础教育阶段实施三级课程管理方式，构建国家、地方、学校三级课程体系。

（四）基础型课程、拓展型课程与研究型课程

按照任务，课程可分为基础型课程、拓展型课程与研究型课程。

基础型课程注重学生基础学力的培养，即培养学生作为一个公民所必需的以"三基"（读、写、算）为中心的基础教养，是中小学课程的主要组成部分。

拓展型课程注重拓展学生的知识与能力，开阔学生的知识视野，发展学生的各种特殊能力，并将其迁移到其他方面的学习中。拓展型课程常常以选修课的形式出现，有较大的灵活性。

研究型课程注重培养学生的探究态度和能力。教师可以提供一定的目标和结论，获得结论的过程和方法则由学生自己组织、探索、研究，教师引导学生形成研究能力与创新精神。

（五）必修课程与选修课程

按照课程计划对课程实施的要求，课程可分为必修课程与选修课程。

所谓必修课程是指国家、地方或学校规定学生必须学习的课程。

选修课程是指学生根据自己的兴趣、学术取向和职业需要而自由选择的课程。

（六）显性课程与隐性课程

按照性质，课程分为显性课程与隐性课程两种类型。显性课程亦称公开课程，隐性课程亦称潜在课程、隐蔽课程，最早由美国教育学家**杰克逊**于1966年提出。

显性课程是指有明确目标要求的、公开性的，并为所有课程主体所意识到的课程，即一般意义上的课程。

隐性课程则是在学校环境中伴随着显性课程的实施与评价而产生的，可能对学习者产生影响而又不为某一（几个）课程主体（开发者、实施者、学习者）所意识到的教育因素。

隐性课程的主要表现形式如下：

（1）观念性隐性课程，如学校的校风、学风，有关领导与教师的教育理念、价值观、知识观等。

（2）物质性隐性课程，包括学校建筑、教室的设置、校园环境等。

（3）制度性隐性课程，包括学校管理体制、学校组织机构、班级管理方式、班级运行方式。

（4）心理性隐性课程，如学校人际关系状况等。

真题再现

围绕着学生的需要和兴趣，以活动为组织形式的课堂类型属于（　　）。

A. 学科课程 　　　　　　　　B. 经验课程

C. 综合课程 　　　　　　　　D. 融合课程

【答案】B

三、制约课程的主要因素（单选题、简答题）

社会、知识和儿童是制约学校课程的三大因素。 其具体包括：

（1）社会政治制度、经济、文化和科学技术水平影响课程的开发。

（2）学科特征影响课程的编制。

（3）学习者身心发展特点，如学生的年龄特征、知识能力基础及其可接受性影响课程的设计、编排、开发等各方面。

四、主要课程理论流派（单选题、简答题）

（一）学科中心主义课程理论

1. 代表人物

赫尔巴特、布鲁纳、夸美纽斯、斯宾塞。

2. 基本观点

（1）知识是课程的核心。

（2）学校课程以学科分类为基础。

（3）学校教学以分科教学为核心。

（4）学校课程以学科本身的逻辑体系进行编排。

（5）教师在课程开发当中起主导作用。

（二）学生中心主义课程理论

1. 代表人物

杜威、罗杰斯。

2. 基本观点

（1）学生是课程的核心。

（2）学校课程应该以学生的兴趣或生活为基础。

（3）学校教学以活动或问题反思为核心。

（4）学校课程以学生心理发展顺序进行编排。

（5）学生在课程开发当中起主导作用。

（三）社会改造主义课程理论

1. 代表人物

布拉梅尔德。

2. 基本观点

（1）社会改造是课程的核心。

（2）学校课程应该以建构新的社会秩序为基础。

（3）课程知识应该有助于学生进行社会反思。

（4）社会问题而非知识问题是课程的核心问题。

第二节　课程设计

一、课程设计的概念（单选题）

课程设计是指在一定的教育价值观的指导下，将所选出的多种课程要素妥善地组织起来，使多种课程要素在动态运行的课程系统结构中产生合力，以有效实现课程目标的过程。

二、课程内容的组织方式（单选题）

（一）纵向组织与横向组织

纵向组织是指按照知识的逻辑序列，从已知到未知、从具体到抽象的先后顺序组织安排课程内容。

横向组织是指打破学科的知识界限和传统的知识体系，按照学生发展的阶段，以学生发展阶段需要探索的社会和个人最关心的问题为依据组织课程内容来构成一个个相对独立的内容专题。

纵向组织侧重知识自身的体系和深度，横向组织强调课程内容的综合性与知识的广度。

（二）逻辑顺序与心理顺序

逻辑顺序是指根据学科本身的体系和知识的内在联系来组织课程内容，是传统教育派的主张。

心理顺序是指按照学生心理发展的规律来组织课程内容，是现代教育派的主张。

（三）直线式与螺旋式

直线式是指把课程内容组织成一条在逻辑上前后联系的"直线"，前后内容基本不重复，即课程内容直线前进，前面安排过的内容在后面不再呈现。强调知识本身内在逻辑的直线性。

螺旋式是指在不同阶段、单元或不同课程门类中，使课程内容重复出现，逐渐扩大知识范围，加深知识难度，即同一课程内容**前后重复**出现，前面呈现的内容是后面学习内容的基础，后面学习内容是对前面学过内容的不断扩展与加深，层层递进。

三、课程设计模式（单选题）

（一）泰勒的目标模式

泰勒被称为"现代课程理论之父"。他在 1949 年出版的《课程与教学的基本原理》中提出了四大课程基本问题，即泰勒原理。

（1）学校应努力达成什么目标？

（2）提供哪些教育经验才能实现这一目标？

（3）如何有效地组织这些教育经验？

（4）如何确定这些教育目标是否已经达到？

泰勒原理可概括为**目标、内容、方法、评价**，即：

（1）确定课程目标。

（2）根据目标选择课程内容。

（3）根据目标组织课程内容。

（4）根据目标评价课程。

泰勒认为，一个完整的课程编制过程都应包括这四项活动。

目标模式反映了课程与教学设计这个领域的基本规律或规则，尽管也有其不足之处，但是在世界范围内的课程设计中，始终具有理论上的指导意义，对我国的课程与教学设计有深远的借鉴意义和指导作用。

（二）过程模式

"过程模式"是斯滕豪斯在对泰勒"目标模式"批评的基础上提出的。

过程模式的特征是不以事先确定好的、由仔细分解一般目的而得出的目标系统作为课程编制的依据，而是关注整个课程（包括教学）展开过程的基本规范，使之与宽泛的目的保持一致。在斯滕豪斯看来，编制课程不是为生产出一套"计划"或"处方"，然后予以实施和评价效果，而是一种研究的过程，其中贯穿对整个过程所涉及的变量、要素及其相互关系的不断评价和修正。这个过程将研究、编制与评价合而为一，是一个连续不断的过程。

四、课程文件的三个层次（课程内容的文本表现形式）（单选题、辨析题、简答题）

（一）课程计划

1. 课程计划的概念

课程计划又称教学计划，是根据国家教育目的和各级各类学校的培养目标制定的有关学校教育教学的指导性文件。其体现了国家对学校的统一要求，是组织学校活动的基本纲领和重要依据。

2. 课程计划的组成部分

课程计划的基本内容由以下几个部分组成：

（1）指导思想。

（2）培养目标。

（3）课程设置及说明（开设哪些科目是课程计划的中心问题）。

（4）课时安排。

（5）课程开设顺序和时间分配。

（6）考试考查制度和实施要求。

3. 课程计划的作用

（1）课程计划是课程的总体规划。

（2）课程计划是指导和规定课程与教学活动的依据。

（3）课程计划是制定课程标准、编写教科书和设计其他教材的依据。

（二）课程标准

1. 课程标准的概念

课程标准即教学大纲，是课程计划中每门学科以纲要的形式编写的、有关学科教学内容的指导性文件。它规定了学科的教学目的、任务、知识的范围、深度和结构、教学进度以及有关教学法的基本要求。

2. 课程标准的组成部分

课程标准主要包括五个组成部分，即前言、课程目标、内容标准、实施建议和术语解释。其中课程目标是课程标准的核心内容。

3. 课程标准的作用

课程标准是课程计划的分学科展开。国家课程标准是教材编写、教学、评估和考试命题的依据，是国家管理和评价课程的基础，具体包括：

（1）课程标准是国家对各门学科的教学提出的统一要求和具体规格，是国家对学校教学实行领导的一种重要工具，有了统一的课程标准就有可能统一各个学校各门学科的教学水平，加强教学的计划性，保证教学的质量。

（2）课程标准是编写教科书和教师进行教学的直接依据。

（3）课程标准是衡量各科教学质量的重要标准。

（三）教材

教材是根据课程计划和教学大纲编制的、直接用于教和学的书籍与工具。随着印刷业和现代教学技术的发展和教材概念的大大扩展，我们可以将教材分为两大类：

（1）文字教材：除教科书、教学参考书（指导书）外，还包括学生的自学指导书，补充读物等。

（2）音像教材：包括录音磁带、幻灯片、电影片、录像磁带、音像磁盘等。

就广大中小学来说，目前使用最多的是文字教材，尤其是教科书，但随着现代技术在教学领域的应用，音像教材将被越来越多的学校和教师采用。

教科书又称课本，它是根据课程标准编制的、系统反映学科内容的教学用书。教科书是课程标准的具体化；同时，教科书也是教师进行教学的主要依据。

教科书编写应遵循的基本原则包括：

（1）按照不同学科的特点，在内容上体现科学性与思想性。

（2）强调内容的基础性。

（3）在保证科学性的前提下，教科书还要考虑到我国社会发展现实水平和教育现状，必须注意到基本教科书对大多数学生和大多数学校的适用性。

（4）在教科书的编排上，要做到知识的内在逻辑与教学法要求的统一。

（5）教科书的编排形式要有利于学生的学习。

（6）教科书的编排要兼顾同一年级各门学科内容之间的关系和同一学科各年级教科书之间的衔接。

> **真题再现**
>
> 在一定课程理论指导下，依据培养目标和课程方案，以纲要形式编制的关于教学科目内容、教学实施建议以及课程资源开发等方面的指导性文件是（　　）。
>
> A. 课程计划　　　　　　　　B. 课程标准
>
> C. 教学方案　　　　　　　　D. 教学指南
>
> 【答案】B

第三节　课程资源

一、课程资源的概念（单选题）

课程资源是课程设计、编制、实施过程中可利用的一切人力、物力以及自然资源的总和，可从广义和狭义两个角度理解。**广义的课程资源**泛指有利于实现课程目标的一切因素；**狭义的课程资源**仅指形成教学内容的直接来源。

二、课程资源的分类（单选题）

从课程资源的空间分布区分：校外课程资源和校内课程资源。

按课程资源的存在方式区分：显性课程资源和隐性课程资源。显性课程资源是指看得见摸得着、可以直接用于教育教学的课程资源，如教材、计算机网络等。隐性课程资源是指以潜在方式对教育教学活动施加影响的课程资源，如学校风气、社会风气、师生关系、家庭氛围等，具有间接性和隐蔽性的特点。

按课程资源的存在形态区分：物质形态的课程资源和精神形态的课程资源。物质形态的课程资源有风景名胜、文物古迹等；精神形态的课程资源有社会生活方式、价值规范、人际关系等。

第四节　课程实施

一、课程实施的概念（单选题）

课程实施是指把课程计划付诸实践的过程，是达到预期的课程目标的基本途径。课程实施是落实课程改革、实施学校培养目标的重要措施。

二、课程实施的基本取向（单选题）

辛德等人（1922年）关于课程实施取向的分类研究受到了课程学者的普遍认同。他们将课程实施或研究课程实施的取向分为三种：忠实取向、相互调适取向和课程缔造取向。

（一）课程忠实取向

课程忠实取向认为，课程实施过程是忠实地执行课程变革计划的过程，衡量课程实施成功与否的基本标准是所实施的课程与预定的课程变革计划之间的符合程度，符合程度越高则课程实施越成功。

（二）课程相互调适取向

课程相互调适取向认为，课程实施过程是课程变革计划与班级或学校实际情境在课程目标、内容、方法、组织模式诸方面相互调整、改变与适应的过程。

（三）课程缔造取向

课程缔造取向认为，真正的课程是教师与学生联合缔造的教育经验，课程实施本质上是在具体教育情境中缔造新的教育经验的过程，即课程计划只是这个经验缔造过程中可供选择的媒介之一。

第五节　课程评价

一、课程评价的概念（单选题）

课程评价是指检查课程的目标、编订和实施是否实现了教育目的，实现的程度如何，以判定课程设计的效果，并据此做出改进课程的决策。

二、课程评价的主要模式（单选题）

课程的评价模式见表6-1。

表 6-1　课程的评价模式

模式	代表人物	主要观点
目标评价模式	泰勒	教育评价之父。以目标为中心而展开，针对 20 世纪初形成并流行的常模参照测验的不足而提出，关注预期目标或预期结果
目的游离评价模式	斯克里文	主张把评价的重点从"课程计划预期的结果"转向"课程计划实际的结果"，关注非预期目标或实际结果
CIPP 评价模式	斯塔弗尔比姆	背景评价、输入评价、过程评价、成果评价

第六节　新课程改革

一、新课程改革的时代背景（单选题）

（一）世界时代背景

（1）初见端倪的知识经济。

（2）人类的生存和发展面临着困境。

（3）国际竞争空前激烈。

（二）我国时代背景

（1）我国政治、经济发展的客观要求。

（2）我国基础教育课程已经到了非改不可的地步。一方面，固有的知识本位、学科本位问题没有发生根本的转变，与时代对人的要求形成了极大的反差；另一方面，传统的应试教育势力强大，素质教育不能真正落实。

二、新课程改革的理论基础与核心理念（单选题）

（一）理论基础

我国基础教育新课程改革从理念上吸收了现当代众多教育思潮中的各种合理因素，展现出全新的姿态，有着全新的价值追求。其理论基础主要有**人本主义思潮、建构主义思**

潮、多元智能理论。

（二）核心理念

新课程改革的核心理念是**"为了每位学生的发展"**。

三、新课程改革的目标（单选题、简答题）

（一）新课程改革的总任务

《基础教育课程改革纲要（试行）》指出，基础教育课程改革要以"教育要面向现代化，面向世界，面向未来"和"三个代表"重要思想为指导，全面贯彻党的教育方针，全面推进素质教育。

（二）新课程改革的具体目标

改变课程过于注重知识传授的倾向，强调形成积极主动的学习态度，使获得基础知识与基本技能的过程同时成为学会学习和形成正确价值观的过程。

改变课程结构过于强调学科本位、科目过多和缺乏整合的现状，整体设置九年一贯的课程门类和课时比例，并设置综合课程，以适应不同地区和学生发展的需求，体现课程结构的均衡性、综合性和选择性。

改变课程内容"难、繁、偏、旧"和过于注重书本知识的现状，加强课程内容与学生生活以及现代社会和科技发展的联系，关注学生的学习兴趣和经验，精选终身学习必备的基础知识和技能。

改变课程实施过于强调接受学习、死记硬背、机械训练的现状，倡导学生主动参与、乐于探究、勤于动手，培养学生搜集和处理信息的能力、获取新知识的能力、分析和解决问题的能力以及交流与合作的能力。

改变课程评价过分强调甄别与选拔的功能，发挥评价促进学生发展、教师提高和改进教学实践的功能。

改变课程管理过于集中的状况，实行国家、地方、学校三级课程管理。

真题再现

目前，我国中学实行的课程管理体制是（　　）。

A. 国家统一管理　　　　　　　B. 地方与学校共同管理

C. 学校自主管理　　　　　　　D. 国家、地方和学校三级管理

【答案】D

四、新课程改革的具体内容（单选题、简答题、材料分析题）

（一）课程目标

新课程倡导三维课程目标：知识与技能目标、过程与方法目标、情感态度与价值观目标。

（二）课程结构

整体设置九年一贯的义务教育课程。小学阶段以综合课程为主。

初中阶段设置分科与综合相结合的课程，积极倡导各地选择综合课程。学校应努力创造条件开设选修课程。在义务教育阶段的语文、艺术、美术课中要加强写字教学。

高中阶段以分科课程为主。为使学生在普遍达到基本要求的前提下实现有个性的发展，课程标准应有不同水平的要求，在开设必修课的同时，设置丰富多样的选修课程，开设技术类课程。积极试行学分制管理。

从小学至高中设置综合实践活动并作为必修课程，其内容主要包括研究性学习、社区服务与社会实践。

（1）研究性学习。研究性学习是指学生基于自身兴趣，在教师指导下，从自然、社会和学生自身生活中选择和确定研究专题，主动地获取知识、应用知识、解决问题的学习活动。

（2）社区服务与社会实践。社区服务与社会实践是学生在教师指导下，走出教室，参与社区和社会实践活动，以获取直接经验、发展实践能力、增强社会责任感为主旨的学习领域。

（三）学习方式

学习方式的转变是本次课程改革的显著特征。转变学习方式从根本上说就是要从传统学习方式转向现代学习方式。**现代学习方式的表现形式包括自主学习、合作学习、探究学习。**

（1）自主学习是指在教师的指导下，学生根据自身条件和需要自由地选择学习目标、学习内容、学习方法，并通过自我调控的学习活动完成具体学习目标的学习模式。

（2）合作学习是指学生在小组或团队中为了完成共同的任务，有明确的责任分工的互助性学习。与合作学习相对的是"个体学习"。

（3）探究学习是指学生从学科领域或现实社会生活中选择和确定研究主题，在教学中，创设一种类似于学术（或科学）研究的情境，通过学生自主、独立地发现问题、实验、操作、调查、搜集与处理信息、表达与交流等探索活动，获得知识、技能、情感与态度的发展，特别是在学习过程中培养学生的探索精神和创新能力。

（四）课程评价

新一轮课程改革倡导**"立足过程，促进发展"**的课程评价，这不仅是评价体系的变革，也是评价理念、评价方法与手段以及评价实施过程的转变。新课程强调建立促进学生全面发展、教师不断提高和课程不断发展的评价体系，在综合评价的基础上，更关注个体的进步和多方面的发展潜能。

新课程倡导发展性评价，其基本内涵包括：

（1）评价的根本目的在于促进发展。

（2）与课程功能的转变相适应。

（3）体现最新的教育观念和课程评价发展的趋势。关注人的全面发展，强调评价的民主化和人性化的发展，重视被评价者的主体性与评价对个体发展的建构作用。

（4）评价内容综合化。重视知识以外的综合素质的发展，尤其是创新、探究、合作与实践等能力的发展，以适应人才发展多样化的要求；评价标准分层化，关注被评价者之间的差异性和发展的不同需求，促进其在原有水平上的提高和发展的独特性。

（5）评价方式多样化。将量化评价方法与质性评价方法相结合，适应综合评价的需要，丰富评价与考试的方法，如成长记录袋、学习日记、情境测验、行为观察和开放性考试等，追求科学性、实效性和可操作性。

（6）评价主体多元化。从单向转为多向，增强评价主体间的互动，强调被评价者成为评价主体中的一员，建立学生、教师、家长、管理者、社区和专家等共同参与、交互作用的评价制度，以多渠道的反馈信息促进被评价者的发展。

（7）关注发展过程。将形成性评价与终结性评价有机地结合起来，使学生、教师、学校和课程的发展过程成为评价的组成部分；而终结性的评价结果随着改进计划的确定亦成为下一次评价的起点，进入被评价者的发展进程。

（五）课程管理

三级课程管理体制即国家制定课程发展总体规划，确立国家课程门类和课时，制定国家课程标准，宏观指导课程实施；省级教育行政部门根据国家对课程的总体设置，规划符合不同地区需要的课程实施方案，包括地方课程的开发与选用；学校在执行国家课程和地方课程的同时，开发或选用适合本校特点的课程。三级管理课程政策的实施，是教育体制表现在课程领域中的一次深刻变革。

章节配套练习

1. [单选题] 以一定的课程观为指导制定课程标准、选择和组织课程内容、预设学习活动方式的过程是（　　）。

    A. 课程评价　　　　　　　　　B. 课程实施

    C. 课程组织　　　　　　　　　D. 课程设计

2. [单选题] 要充分发挥课程在学校教育中的作用，就必须编制好三个文本。这三个文本是（　　）。

    A. 课程计划、课程目标、课程内容　B. 课程计划、课程标准、教材

    C. 课程方案、课程标准、课程内容　D. 课程方案、课程实施、课程评价

3. [单选题] 《基础教育课程改革纲要（试行）》规定，在课程设置上，高中阶段（　　）。

    A. 以综合课程为主　　　　　　B. 以分科课程为主

    C. 以实践活动课程为主　　　　D. 设置分科与综合相结合的课程

4. [单选题] 当前我国中学开设的数学、语文、英语等课程属于（　　）。

    A. 学科课程　　　　　　　　　B. 活动课程

    C. 经验课程　　　　　　　　　D. 社会课程

5. [单选题] 校风、教风和学风是学校文化的重要构成部分，就课程类型而言，它们属于（　　）。

    A. 学科课程　　　　　　　　　B. 活动课程

    C. 显性课程　　　　　　　　　D. 隐性课程

6. [单选题] 课程计划的中心问题是（　　）。

    A. 开设哪些科目　　　　　　　B. 各门学科开设的顺序

    C. 各门学科的教学时间　　　　D. 各门学科的教学方法

7. [单选题] 新课程的核心理念是（　　）。

    A. 尊重学生的自主选择　　　　B. 进行双基教学

    C. 以学科为主教育　　　　　　D. 一切为了每一位学生的发展

8. [单选题] 综合实践活动课程在课程管理权限上属于（　　）。

    A. 国家课程　　　　　　　　　B. 地方课程

    C. 校本课程　　　　　　　　　D. 学科课程

9. ［单选题］编写教科书和教师进行教学的直接依据是（   ）。

    A．课程目标   B．教学目标

    C．课程计划   D．课程标准

10. ［单选题］最早提出"什么知识最有价值"这一经典课程论命题的学者是（   ）。

    A．夸美纽斯   B．斯宾塞

    C．杜威   D．博比特

11. ［单选题］1949 年美国学者泰勒出版的《课程与教学的基本原理》中提出了课程编制四段论，形成了著名的泰勒原理课程编制模式。这一模式称为（   ）。

    A．实践模式   B．过程模式

    C．环境模式   D．目标模式

【参考答案】

1. D 2. B 3. B 4. A 5. D 6. A 7. D 8. A 9. D 10. B 11. D

有任何疑问或者建议

都可以扫码反馈哦~

第三模块

教 学

第七章 教 学

知识模块	考点细化	单选题	辨析题	简答题	材料分析题	重要程度
教学概述	概念	√	√	—	—	—
	意义	—	√	√	—	★★★
	基本任务	√	√	√	—	★★
	基本环节	√	√	√	—	★★★
教学过程	概念	√	—	—	—	—
	本质	√	—	—	—	★★
	基本规律	√	√	√	√	★★★
	结构	√	—	—	—	—
教学原则和教学方法	教学原则	√	√	√	√	★★★
	教学方法	√	√	√	√	★★★
教学组织形式	概念	√	—	—	—	—
	分类	√	—	—	—	★
教学模式	概念	√	—	—	—	—
	常见的模式	√	—	—	—	★
教学评价	概念	√	√	—	—	—
	分类	√	—	—	—	★★★

第一节 教学概述

一、教学的概念（单选题、辨析题）

（一）教学的定义

广义的教学就是指教的人指导学的人以一定文化为对象进行学习的活动。**狭义**的教学是指在学校中教师引导学生进行学习的活动。也有学者认为，教学是在一定教育目的的规范下，教师的教与学生的学共同组成的一种双边教育活动。这一活动更多地表现为围绕学校课程开发而展开的学习活动，虽然主要表现在课堂范围内，但随着课程范围的扩展和教学组织形式的扩大，教学活动的范围也不仅局限在课堂内。

教学是学校进行全面发展教育的基本途径，是教师教与学生学的一种统一活动。它包括以下几个方面：

（1）教学以培养全面发展的人为根本目的。

（2）教学由教与学两方面活动组成。

（3）教学具有多种形态，是共性和多样性的统一。

（二）教学与教育、智育的关系

1. 教学与教育

教学与教育是部分与整体的关系。教育包括教学，而教学是学校进行教育的一个基本途径。除教学外，学校还通过课外活动、生产劳动、社会实践等途径教育学生。

2. 教学与智育

智育是学校教育的重要组成部分，主要通过教学这条途径来实施，但也需要通过课外活动等途径才能全面实现。教学不仅是智育的实施途径，也是德育、美育、体育、劳动技术教育的实施途径。概括地说，教学与智育的关系是教育的**途径**和**内容**的关系。

二、教学的意义（辨析题、简答题）

教学在学校工作中居于十分重要的地位。学校要卓有成效地实现培养目标、造就合格人才，就必须以教学为主，并围绕教学这个中心安排其他工作，建立学校的正常秩序。教学的意义表现在以下几个方面：

（1）教学是进行全面发展的素质教育，实现培养目标的基本途径。

（2）教学是传授系统知识、促进学生发展的最有效的形式。

（3）教学是学校工作的中心环节，学校工作必须坚持以教学为主。

三、教学的基本任务（单选题、辨析题、简答题）

（1）引导学生掌握科学文化基础知识和基本技能。

（2）发展学生智能，特别是培养学生的创造才能和实践能力。

（3）发展学生体力，促进学生的健康。

（4）培养学生科学的世界观、良好的思想品德、健康的审美情趣和良好的个性心理品质。

四、教学工作的基本环节（单选题、辨析题、简答题）

（一）备课

备课是教师根据学科课程标准的要求和本门课程的特点，结合学生的具体情况，选择最合适的表达方式和顺序，以保证学生有效地进行学习。备课又分为个人备课和集体备课两种。个人备课是教师自己钻研学科课程标准和教材的活动。集体备课是由相同学科和相同年级的教师共同钻研教材，解决教材的重点、难点和教学方法等问题的活动。备课要做好三项工作，即**备教材、备学生、备教法；还要写好三种计划**，即学年（学期）教学进度计划、单元（课题）教学计划和课时计划（教案）。备课是教学工作的首要环节，是教师上好课的先决条件。

（二）上课

上课是教学工作的**中心环节**，是教师教和学生学的最直接体现，也是提高教学质量的关键。

课的类型是指根据教学任务划分的课的种类。根据教学任务，课的类型可分为**传授新知识课（新授课）、巩固新知识课（复习课）、培养技能技巧课（技能课）、检查知识课（检查课）**。但在实际的教学中，有时一节课只完成一项任务，有时一节课则需要完成多项任务，所以根据一节课所完成任务的类型数，可将课可分为**单一课和综合课**。

课的结构是指课的基本组成部分及各组成部分进行的顺序、时限和相互关系。一般来说，构成课的基本组成部分有组织教学、复习过渡、讲授新教材、巩固新教材、布置课外作业等。

上好一节课的基本要求是目标明确、重点突出、内容正确、方法得当、表达清晰、组织严密、气氛热烈。

（三）作业的布置与批改

通过作业的检查与批改，教师可以及时地发现学生的知识或技能缺陷，加以纠正，并作出评价，对学生的进一步学习提出建议。教师布置作业时，应遵守下列要求：

（1）作业的内容要符合课程标准和教科书的要求，要有代表性，要有助于学生理解与巩固所学的基础知识，形成相应的技能、技巧，培养学生的能力。

（2）作业分量要适当，难易要适度。学校应通过班主任来调节学生各科作业的总量，防止学生负担过重。凡能在课内完成的作业，就不应当布置到课外去做。

（3）布置作业要向学生提出明确的要求，并规定完成的时间。对比较复杂的作业，教师也可以适当地提示，但这种提示应是启发性的，不能代替学生的独立思考。

（4）教师应经常检查和批改学生的作业。检查的目的是了解学生对所学知识理解巩固的程度和实际运用知识的能力，以便发现教和学两个方面存在的问题，及时改进教学。

（四）课外辅导

辅导是帮助和指导学生学习的活动，课外辅导是在课堂教学规定时间以外，教师对学生的辅导。

课外辅导的要求：

（1）教师应从辅导对象的实际出发，确定辅导内容和措施。

（2）辅导只是对课堂教学的补充，教师不能将主要精力放在辅导上。

（五）学业成绩的检查与评定

学业成绩的考查与评定，俗称测验或考试，是以测验的形式定量地评定学生个人的能力得到的结果。学校通过对学生学业成绩的测量和评价，可以检查教学的完成情况，从检查中获得的反馈信息，可以用来指导、调节教学过程和学习过程，从而改善教学状况，提高教学质量。

测验涉及以下四个质量指标：

1. 测验的效度

效度是指一个测验能测出它所要测量的属性或特点的程度。

2. 测验的信度

信度又称测验的可靠度，是指一个测验经过多次测量所得结果的一致性程度。

3. 测验的难度

难度指测验包含的试题难易程度。测验过难或过易都不能准确地测出学生掌握知识的真实情况。

4. 测验的区分度

区分度又被称为鉴别力，是指测验对考生实际水平的区分程度或测验对被试特质差异的区分能力。区分度与难度有关，只有在试卷中包含不同难度的试题，才能提高区分度，拉开考生得分差距。

真题再现

通过检测来评定学生的学业成绩是中学常用的评价方法，在一个测验中，衡量是否达到测验目的的程度，即是否测出了所要测量的东西的指标是（   ）。

A. 信度   B. 效度

C. 难易度   D. 区分度

【答案】B

第二节　教学过程

一、教学过程的概念（单选题）

教学过程是教师根据一定的社会要求和学生身心发展的特点，指导学生有目的、有计划地掌握系统的文化科学基础知识和基本技能，同时获得一定的身心发展，形成一定的思想品德的过程。

二、教学过程的本质（单选题）

关于教学过程的本质，理论界有不同看法。在我国通行的看法是把教学过程看作一种特殊的认识活动，是促进学生身心发展的过程。其特殊性主要表现在以下几个方面：

1. 认识的间接性

教学过程主要是学习已有的文化知识，而不是对客观世界的原创性认识，区别于科学家的认识活动。

2. 认识的交往性

教学活动是教师的教和学生的学组成的双边活动，教学活动是发生在师生之间以及学生之间的一种特殊的交往活动。

3. 认识的教育性

在教学中，学生的认识既是目的，也是手段。学生通过认识掌握更多的科学文化知识的同时也能发现自身的不足之处。

4. 认识的简捷性

教学活动将要教授的课程内容经过筛选和科学编排，用更有利于学生接受、更符合现代社会价值观念的方式传递给学生，因此，教学过程应省略知识获取的很多过程，应具有认识的简捷性。

5. 有指导的认识

学生的个体认识始终在教师的指导下进行，区别于一般的认识过程。教学认识是在主客体之间"嵌入"一个起主导作用的中介因素——教师，形成学生（主体）—课程与教材（客体）—教师（领导）相互作用的"三体结构"。

真题再现

教学过程是一种特殊的认识过程，它区别于一般认识过程的显著特点是（　　　）。

A. 直接性、引导性和简捷性　　　B. 直接性、被动性和简捷性

C. 间接性、被动性和简捷性　　　D. 间接性、引导性和简捷性

【答案】D

三、教学过程的基本规律（单选题、辨析题、简答题、材料分析题）

（一）间接经验与直接经验相结合

学生个体获得知识有两种途径：一是间接经验，即由书本、课堂和他人那里得来的知识；二是直接经验，指通过亲身实践得来的知识。在教学过程中，学生获得的知识既有直

接经验，又有间接经验。

（1）在教学过程中，学生以学习间接经验为主。就学生的认识任务而言，学生认识的主要任务是大量地接受间接经验，以学习书本知识为主。就教学中教学的任务而言，学生在教学中主要的任务不是探求新的真理，而是学习和继承人类已有的认识成果，即书本知识。

（2）学生学习间接经验时要以直接经验为基础。强调学生以学习书本知识为主，绝不能忽视学生的直接经验在认识客观世界中的作用。因为学生的认识遵循人类认识的普遍规律，从感性到理性，不断深化，学生的间接经验是建立在直接经验的基础上的。

（3）教师在教学过程中既要重视学生间接经验的掌握，又要重视学生直接经验的掌握，应将二者有机结合起来，防止只重视某一方面知识的片面观念产生。

（二）掌握知识与发展智力相统一（教学的发展性规律）

在教育学的发展过程中，出现过形式教育论和实质教育论之争，形式教育论只注重智力发展，实质教育论只注重对学生知识的传授。

教学过程既是向学生传授系统的文化科学知识的过程，又是发展学生智能的过程，二者有着本质的区别。掌握知识和发展智力相互依存、相互促进。

（1）掌握知识是发展智力的基础。学生的智力是在掌握知识技能的过程中形成、发展和表现出来。离开或排斥掌握知识，智力发展将无从生长。

（2）发展智能是掌握知识的必要条件。学生具有一定的智力、能力，是进一步掌握文化科学知识的必要条件，直接影响到学生掌握知识的广度、深度、巩固程度和运用程度。

（3）在教学过程中，既要重视学生智力的发展，又要重视知识的掌握，还要防止单纯抓知识或只重视智力发展的片面倾向。

（三）掌握知识与提高思想觉悟相统一（教学的教育性规律）

教学过程既是传授和学习系统的文化科学知识的过程，又是学生在掌握知识的基础上接受思想品德教育的过程。二者具有紧密联系：

（1）知识是思想品德形成的基础。学生思想品德的提高有赖于其对科学知识的掌握。

（2）学生思想品德的提高为他们积极学习知识奠定了基础。学生掌握科学文化知识的过程是一个能动的认识过程，学生的思想品德状况对学习的积极性起重要作用。

（3）教师在教学过程中应自觉地运用教学的教育性规律，把知识教学与思想品德教育有机结合起来，既注意挖掘教学内容的思想因素，克服只教书不育人的倾向；又要防止教学中进行思想品德教育的自然主义和形式主义。要寓德育于教学之中，做到教书育人。

（四）教师的主导作用与学生的主体作用相结合

教学过程是教师和学生共同活动的过程。教师在教学活动中起主导作用，学生在教学活动中处于主体地位，双方具有本质的联系。

（1）教师在教学过程中处于组织者的地位，应充分发挥教师的主导作用。教师的主导作用表现在：教师的指导决定着学生学习的方向、内容、进程、结果和质量，起引导、规范、评价和纠正的作用。教师的教还影响着学生的学习方式以及学生学习积极主动性的发挥，影响学生的个性和价值观的形成。

（2）学生在教学过程中处于学习主体的地位，应充分发挥学生的主动性。在教学中，学生是学习的主体，其能动性表现在：受学生本人兴趣、需要及所接受的外部要求的推动和支配，学生对外部信息选择的能动性、自觉性；受学生原有知识经验、思维方式、情感意志、价值观等制约，学生对外部信息进行内部加工的独立性、创造性。

（3）教师的主导作用与学生的主体作用是辩证统一的。两者相互联系，相互促进。既要重视教师的主导作用，通过教师的组织、调节、指导，促进学生的发展，又要充分发挥学生的主体作用，调动其学习积极性，使学生适应教师的教学。将二者割裂开来，或是只强调某方面的作用是片面的、错误的。

真题再现

近代教育史上曾出现过形式教育论和实质教育论的论争，其根本分歧是（   ）。

A. 以学习直接经验为主还是以学习间接经验为主

B. 以理论教学为主还是以实践教学为主

C. 以学科教学为主还是以活动教学为主

D. 以传授知识为主还是以培养能力为主

【答案】D

四、教学过程的结构（学生掌握知识的基本阶段）（单选题）

在教师的引导下，学生掌握知识的活动是教学过程中最基本的活动。学生学习每一个课题都需要经历这样的过程，而阐述这种周期性的学生掌握知识过程阶段的规律性，对教学具有普遍意义。

（一）心理准备

心理准备主要是引起学生对即将进行的教学活动的兴趣和求知欲，创设一种教学氛围，使学生产生强烈的求知欲望和浓厚的认知兴趣。心理准备属于认识定向阶段。

（二）领会知识

领会知识是教学过程的中心环节。领会知识是学生在教学过程中逐步认识事物的联系、关系，直至认识事物的本质、规律的活动。这一阶段包括**感知教材和理解教材**两方面。

感知教材即引导学生形成感性认识和表象。教师在此阶段要注意培养学生的观察力。

理解教材即学生由感性认识上升到理性认识，有助于把握本质和规律。教师在此阶段要注意培养学生的思维能力。

（三）巩固知识

巩固知识是学生把所学知识牢固地保持在记忆中，以便在需要时，能正确及时地提取。知识的巩固贯穿于教学的全过程，巩固方式也多种多样，主要有作业、练习和复习。教师在此阶段要注意指导学生复习，培养其记忆力。

（四）运用知识

运用知识是学生用领会的知识去解决同类客体的活动，目的在于使抽象知识同具体事物相联系，使领会了的知识具体化。教师在此阶段要注意促进知识的迁移，把知识运用于实际，培养运用知识的能力。

（五）检查效果

检查效果是根据一定的标准对教学过程产生的结果进行测试评估。教师通过检查评定可以获得反馈信息并了解教学和学习情况，再据此来调节教与学的节奏。

第三节　教学原则和教学方法

一、教学原则（单选题、辨析题、简答题、材料分析题）

（一）教学原则概述

教学原则是根据一定的教学目的和教学任务，遵循教学过程的基本规律而制定的对教学的基本要求，是指导教学活动的一般原理。教学规律和教学原则既有区别又有联系。教学规律是客观存在的，而教学原则是由人们制定的，是属于主观意识形态的东西。教学规律是制定教学原则的客观依据和基础，教学原则是教学规律的体现和反映。

（二）我国中学教学原则

1. 直观性原则

（1）**定义**：直观性原则指在教学中引导学生直接感知实物、模象或教师用形象语言描绘教学对象，使学生获得丰富的感性认识。

（2）**实施要求**：①正确选择直观教具和现代化教学手段；②直观要与讲解相结合；③重视运用语言直观。

（3）**代表人物及其观点**。

①夸美纽斯："凡是需要知道的事物，都要通过事物本身来学习，应该尽可能把事物本身或代替它的图像呈现给学生。"

②乌申斯基指出，儿童是靠形式、颜色、声音和感觉来进行思维的。

2. 启发性原则

（1）**定义**：启发性原则指在教学中，教师要承认学生是学习的主体，注意调动他们的学习主动性，引导他们独立思考、积极探索、生动活泼地学习、自觉地掌握科学知识和提高分析问题和解决问题的能力。

（2）**实施要求**：①教师应讲得"少而精"，给学生留出思考的空间；②调动学生学习的主动性；③设置问题情境，使学生处于积极思维的状态；④培养学生良好的思维方法，使学生学会思考。

（3）**代表人物或作品思想**。

①孔子："不愤不启，不悱不发。"

②《学记》："道而弗牵，强而弗抑，开而弗达。"

③苏格拉底：助产术。

④第斯多惠："一个坏的教师奉送真理，一个好的教师则教人发现真理。"

3. 巩固性原则

（1）**定义**：巩固性原则指教学要引导学生在理解的基础上牢固地掌握知识和技能，长久地保持在记忆中，能根据需要迅速再现出来，以利于知识技能的运用。

（2）**实施要求**：①在理解的基础上巩固；②抓好学生的复习环节和运用环节；③教学生复习和记忆的方法。

（3）**代表人物及其观点**。

①孔子："学而时习之、温故而知新。"

②乌申斯基："复习是学习之母。"

4. 系统性原则

（1）**定义**：系统性原则（循序渐进原则）指教学要按照学科的逻辑系统和学生认识发展的顺序进行，使学生系统地掌握基础知识、基本技能，形成严密的逻辑思维能力。

（2）**实施要求**：①按教材的系统性进行教学，还要符合学生认知规律，由具体到抽象；②注意主要矛盾，解决好重点与难点的教学；③教学要符合学生的认识规律，由已知到未知，由具体到抽象。

（3）**代表观点**：《学记》中的"学不躐等""不陵节而施"等。

5. 因材施教原则

（1）**定义**：因材施教原则指教师要从学生的实际情况、个别差异出发，有的放矢地进行有差别的教学，使每个学生都能扬长避短，得到最佳的发展。

（2）**实施要求**：①了解学生的实际和个别差异，为因材施教奠定基础；②运用多种方式教学，适应学生个别差异，培养学生特长。

（3）**代表人物及其观点**。

①孔子：善于根据学生的不同特点，有针对性地进行教育，以发挥各自的专长。

②朱熹把孔子的这一经验概括为"孔子施教，各因其材"，这就是"因材施教"的由来。

6. 理论联系实际原则

（1）**定义**：理论联系实际原则指教学要以学习基础知识为主导，从理论与实际的联系上去理解知识，注意运用知识去分析问题和解决问题，达到学懂会用、学以致用。

（2）**实施要求**：①书本知识的教学要注重联系实际；②重视引导学生运用知识；③逐步培养与形成学生综合运用知识的能力；④补充必要的乡土教材。

（3）**代表理论**：马克思主义教育观。

7. 量力性原则

（1）**定义**：量力性原则又称可接受性原则，是指教学的内容、方法、分量和进度要适合学生的身心发展，是他们能够接受的，但又要有一定的难度，需要他们经过努力才能掌握，以促进学生的身心健康发展。

（2）**实施要求**：①了解学生的发展水平，从实际出发进行教学；②考虑学生认识发展的时代特点；③恰当把握教学难度。

（3）**代表人物及其观点**。

墨子："夫智者必量其力所能至而如从事焉"。

8. 思想性和科学性统一的原则

（1）**定义**：思想性和科学性统一的原则指教学中要以马克思主义为指导，引导学生掌握正确的知识，同时，结合知识对学生进行社会主义品德和正确人生观、科学世界观的教育。

（2）**实施要求**：①教师要保证教学的科学性；②发掘教材的思想性，注意在教学中对学生进行品德教育；③要重视补充有价值的资料、事例或录像；④教师要不断提高自己的专业水平和思想修养。

（3）**代表理论**：马克思主义教育观。

真题再现

王老师在历史课上讲到民族英雄岳飞时，从历史事实出发，高度赞扬了岳飞的爱国主义精神，使同学们受到了感染，王老师的教学主要体现了哪一教学原则？（ ）

A. 科学性和思想性相统一　　　B. 直观性原则

C. 启发性原则　　　　　　　　D. 因材施教原则

【答案】A

二、教学方法（单选题、辨析题、简答题、材料分析题）

教学方法是为完成教学任务而采用的办法，包括教师教的方法和学生学的方法，是教师引导学生掌握知识技能、获得身心发展而共同活动的方法。

选择与运用教学方法的基本依据主要有**教学目的和任务的要求；课程性质和教材特**

点；学生特点；教学时间、设备、条件；教师业务水平、实际经验及个性特点。

（一）以语言传递为主的教学方法

1. 讲授法

讲授法是教师运用口头语言系统地向学生传授知识的方法。讲授法是最古老的一种教学方法，也是迄今为止在世界范围内应用得最广泛、最普遍的一种教学方法。讲授法的基本形式是教师讲、学生听。具体地说，讲授又可以分为讲述、讲解、讲读和讲演四种方式。

（1）讲述：教师向学生叙述、描绘事物和现象。

（2）讲解：教师向学生解释、说明、论证概念、原理、公式等。

（3）讲读：教师利用教科书边读边讲。

（4）讲演：教师对某一主题进行演说论证，主要方式是演讲和汇报。

讲授法的优点在于可以使学生在比较短的时间内获得大量的、系统的知识，有利于发挥教师的主导作用，有利于教学活动有目的、有计划地进行。讲授法的缺点在于容易束缚学生，不利于学生主动自觉地学习，而且较多地依赖教师个人的语言素养。

教师运用讲授法时，应注意以下几点：

（1）保证讲授内容的科学性和思想性。

（2）讲授要做到条理清楚、重点分明。

（3）讲究语言艺术。

（4）注意与其他教学方法配合使用。

2. 谈话法

谈话法也称问答法，它是指教师按一定的教学要求向学生提出问题，要求学生回答，并通过问答的形式来引导学生获取或巩固知识的方法。

教师运用谈话法时，应注意以下几点：

（1）要准备好谈话的问题和谈话计划。

（2）要善于提问。

（3）要善于启发和诱导。

（4）要做好归纳和小结。

谈话法的优点在于能够比较充分地激发学生的主动思维，促进学生独立思考，对于学生智力的发展有积极作用，同时，也有助于学生语言表达能力的锻炼和提高。谈话法的缺点在于，与讲授法相比，完成同样的教学任务，谈话法需要较多的时间。

3. 讨论法

讨论法是指学生在教师的指导下为解决某个问题进行探讨、辨明是非真伪，从而获取知识的方法。

教师运用讨论法时，应注意以下几点：

（1）讨论的问题要有吸引力。

（2）要善于在讨论中对学生启发引导。

（3）要做好讨论小结。

讨论法的优点是可以更好地发挥学生的主动性和积极性，有助于他们听取、比较、思考不同的意见，在此基础上进行独立思考。讨论法的缺点是受学生知识、经验水平和能力发展的限制，比较容易出现讨论流于形式或者脱离主题的情况。

4. 读书指导法

读书指导法是指教师指导学生独立阅读教科书和参考书或其他课外读物，以获取知识和发展智力的方法。这种方法有助于学生更好地理解和消化教师所讲的内容，也可以培养学生的自学能力和习惯。

（二）以直观感知为主的教学方法

1. 演示法

演示法是指**教师**通过展示实物和直观教具进行示范性实验或采取现代化视听手段等，指导学生获得知识或巩固知识的方法。

演示法的基本要求包括：

（1）做好演示前的准备。

（2）要使学生明确演示的目的、要求与过程，能主动、积极、自觉地投入观察与思考。

（3）通过演示，所有学生都能清楚、准确地感知演示对象，并引导他们在感知过程中进行综合分析。

2. 参观法

参观法是指教师紧密配合教学，组织学生到校外一定场所进行直接观察、访问而获得知识或验证知识的方法。参观的三种形式是准备性参观、并行性参观和总结性参观。

参观法的基本要求包括：

（1）参观前，教师根据教学要求和现实条件，确定参观的目的、时间、对象、重点和地点，并在校内外做好充分准备。

（2）参观时，教师要根据不同参观类型提出不同的具体要求，组织学生全面看、细心听、主动问、认真记。

（3）参观后，教师要根据教学要求和参观计划，指导学生座谈收获、整理材料、客观评价、写好报告。

（三）以实际训练为主的教学方法

1. 练习法

练习法是指**学生**在教师指导下运用知识去完成一定的操作，并形成技能技巧的方法。

练习的种类很多。按培养能力的方面，练习法可分为各种口头练习、书面练习和实际操作练习。按学生掌握技能、技巧的进程，练习法可分为模仿性练习、独立性练习和创造性练习。

练习法的基本要求包括：

（1）要有明确的目的与具体的要求。

（2）要有周到的计划与适宜的步骤。

（3）要有恰当的分量与适当的难度。

（4）要有科学的时段与有效的方法。

（5）要有正确的态度与良好的习惯。

（6）要有及时的检查与认真的总结。

2．实验法

实验法是指学生在教师的指导下，利用一定的仪器设备，通过条件控制引起实验对象的某些变化，从观察这些变化中获得知识的方法。

实验法的基本要求包括：

（1）明确目的，精选内容，制定详细的实验计划，提出具体的操作步骤和实验要求。

（2）重视语言指导，重视教师示范的作用。

（3）要求学生独立操作，及时检查结果。

3．实习法

实习法是指教师指导学生根据教学要求，组织学生在校内外一定场所从事一定的实习实践工作，在具体操作过程中综合运用理论掌握知识、形成技能技巧的方法，又称实习作业法。

实习法的基本要求包括：

（1）实习前，教师要向学生讲清有关的理论知识、实习任务与操作规则，落实实习场所，备妥实习用具，分好实习小组。教学实习要做好试讲。

（2）实习中，教师要加强具体指导，做好操作示范，把握实习进程，检查实习效果，及时查漏补缺。

（3）实习后，教师要指导学生写出实习报告，评定实习成绩，开好总结大会，并为每个学生写出公正、客观的评语。

> **真题再现**
>
> 古希腊哲学家苏格拉底创立了"产婆术"。它体现的主要教学方式是（　　）。
>
> A．讲授法　　　　　　　　　B．讨论法
>
> C．谈话法　　　　　　　　　D．演示法
>
> 【答案】C

第四节　教学组织形式

一、教学组织形式的概念（单选题）

教学组织形式是指为完成特定的教学任务，教师和学生按一定要求组合起来进行活动的一种结构。

二、教学组织形式的分类（单选题）

（一）个别教学制

个别教学制的产生是与古代社会生产力发展水平比较低的状况相适应的。在古代的东西方，学校教育的组织形式一般都是个别教学形式。

个别教学制的优点是教师能根据学生的特点因材施教。

个别教学制的不足之处在于，难以完成系统化、程序化传授知识的任务，一名教师所能教的学生数量是很有限的，因此教学效率不高。

（二）班级授课制

班级授课制是一种集体教学形式，它把一定数量的学生按年龄与知识程度编成固定的班级，根据周课表和作息时间表，安排教师有计划地向全班学生集体上课。班级授课制基本特点是①固定班级；②以课为教学活动的单位；③固定时间。

班级授课制是人类社会发展到一定历史阶段的产物。17世纪初，乌克兰兄弟会学校兴起了班级授课的组织形式。1632年，夸美纽斯出版了《大教学论》一书。该书最早从理论上对班级授课制进行了系统阐述，为班级授课制奠定了理论基础，后经赫尔巴特的发展而基本定型。工业革命后，班级授课制成为西方学校的主要形式。

在中国，1862年在北京设立的京师同文馆首先采用了这一形式。1902年，清政府颁布《钦定学堂章程》（壬寅学制）后，班级授课制在全国广泛推行。

班级授课制的主要优点：

（1）有利于经济有效地、大面积地培养人才。

（2）有利于发挥教师的主导作用。

（3）有利于发挥班集体的教学作用。

班级授课制的不足之处：

（1）不利于因材施教。

（2）不利于学生独立性与自主性的培养。

（3）教学形式缺乏灵活性。

另外，班级授课还有一种特殊形式——复式教学。复式教学是把两个年级以上的学生编在一个教室里，由一位教师在同一堂课内分别对不同年级的学生进行教学的组织形式。它的主要特点是直接教学和学生自学或做作业交替进行。在我国农村，特别是在人口稀少的偏僻山区，由于人口少、师资缺乏、交通又不方便，复式教学大有可为。

（三）分组教学制

分组教学制是按学生的能力或学习成绩把他们分为水平不同的组进行教学。一般可分为两类：外部分组和内部分组。

（1）**外部分组**是指学校打破按年龄编班的传统习惯，根据学生的能力水平或学习成绩编班进行教学。

（2）**内部分组**是指在传统的按年龄编班的班级内，根据学生的能力或学习成绩等编组。

（四）设计教学法

1918 年，美国教育家 W. H. 基尔帕特里克（旧译克伯屈）从杜威"从做中学"的教育思想出发，并在其"问题教学法"的基础上，根据内部动机和附随学习的理论所创行的一种教学组织形式和方法。

设计教学法的目的在于克服传统教学中呆板的课堂教学、只重视书本知识、学生被动地学习以及孤立的分科教学体制等缺陷。它废除班级授课制度、打破学科界限、摒弃传统的教科书，主张在教师指导下，由学生自己决定学习目的和内容，在自己设计、自己负责任的单元活动中获得有关的知识和能力。

（五）道尔顿制

道尔顿制由美国教育家帕克赫斯特于 1902 年在美国马萨诸塞州道尔顿中学创设。其是指教师不再上课向学生系统讲授教材，而只为学生分别指定自学参考书、布置作业，由学生自学并独立完成作业，有疑难才请教师辅导，学生完成一定阶段的学习任务后向教师汇报学习情况和接受考查。其优点是有利于调动学生学习的主动性，培养他们的学习能力和创造才能；其缺点是不利于学生掌握系统知识，且对教学设施和条件要求较高。

（六）特朗普制

特朗普制是由美国教育学教授劳伊德·特朗普于 20 世纪 50 年代提出的一种教学组织形式，这种教学形式把大班、小班和个别三种教学形式结合起来。大班上课是把两个以上的平行班合在一起上课，讲课时应用现代化教学手段，由出类拔萃的教师讲课。小班研究即将大班的学生分为约 20 人的小组，由教师或优秀生领导，研究和讨论大班授课材料。个别教学则由学生独立完成作业，其中部分作业是教师指定的，部分作业是学生自主选择的。特朗普制既有班级授课制的优点，也有个别教学的长处，但管理起来比较麻烦。

20世纪后半叶美国出现了一种教学组织形式，在世界各国产生了较大影响，其特点是把大班上课、小班讨论和个人自学按一定比例结合起来。这种教学组织形式是（　　）。

A．特朗普制   B．道尔顿制

C．文纳特卡制   D．贝尔—兰卡斯特制

【答案】A

第五节　教学模式

一、教学模式的概念（单选题）

教学模式是在一定的教育思想、教学理论和学习理论指导下的，为完成特定的教学目标和内容，围绕某一主题形成的比较稳定且简明的教学结构理论框架及其具体可操作的教学活动方式，通常是两种以上方法策略的组合运用。

二、常见的教学模式（单选题）

（一）范例教学模式

范例教学理论是由德国的 M·瓦根舍因和克拉夫基等人提出的。范例教学模式遵循人的认知规律，即从个别到一般，从具体到抽象的过程。

范例教学的教学过程分四个阶段：

第一阶段，范例性地阐明"个"的阶段，用典型事实和现象为例说明事物的本质特征。

第二阶段，范例性地阐明"类型""类"的阶段，用许多在本质上与"个"案一致的事实和现象来阐明事物的本质特征。

第三阶段，范例性地理解规律性的阶段，通过对"个"和"类"的分析、认识，使学生的认识上升为对普遍性规律的认识。

第四阶段，范例性地掌握关于世界的经验和生活的经验的阶段。

（二）抛锚式教学模式

抛锚式教学模式又名"实例式教学""基于问题的教学""情境性教学"，是要求教学建立在有感染力的真实事件或真实问题的基础上，问题一旦确定，整个教学内容和教学进程也就随之而定（像轮船被锚固定一样）。

抛锚式教学的基本目的不是提高学生在测验中的分数，而是帮助学生提高能力。其基本环节为：创设情境——确定问题——自主学习——协作学习——效果评价。

（三）探究性教学模式（引导—发现教学模式）

探究性教学模式是指在教学过程中，要求学生在教师指导下，以"自主、探究、合作"为特征的学习方式，对当前教学内容中的主要知识点进行自主学习、深入探究并进行小组合作交流，从而较好地达到课程标准中关于认知目标与情感目标要求的一种教学模式。其中认知目标涉及与学科相关知识、概念、原理与能力的掌握；情感目标则涉及思想感情与道德品质的培养。探究性教学模式通常包括四个环节：问题——假设——验证——总结提高。

（四）有意义接受学习教学模式

有意义接受学习的理论基础是**奥苏伯尔**的认知同化学习理论。有意义接受学习教学模式通常包含以下四个教学环节：呈现先行组织者——呈现新学习内容——知识整合协调——应用所学的知识来解决有关的问题。

（五）掌握学习的教学模式

掌握学习是美国心理学家和教育学家**布鲁姆**提出的。他认为，只要用于学习的有效时间足够长，所有学生都能达到课程目标所规定的掌握标准。掌握学习模式的提出主要是为了解决学生的学习效率问题，以大面积提高学习质量。

（六）程序教学模式

程序教学法是指依靠教学机器和程序教材，呈现学习程序，包括问题的显示、学生的反应和将反应的正误情况反馈给学生的过程等，使学习者进行个别学习的方法。其典型的代表人物是**斯金纳**。

程序教学模式的基本教学环节为：

（1）小步子原则。把学习的整体内容分解成由许多片段知识所构成的教材，把这些知识按难度逐渐增加的顺序排成序列，使学生循序渐进地学习。

（2）积极反应原则。要使学生对所学内容做出积极的反应。

（3）及时强化（反馈）原则。对学生的反应要及时强化，使其获得反馈信息，即回答问题后立刻可以看到答案，知道对错。

（4）自定步调原则。学生根据自己的速度和能力进行学习，自己确定学习的进度，以适应学习者的个别差异。

（5）低错误率原则。使学生尽可能每次都做出正确的反应，使错误率降到最低限度。因此，教材的排列应由易到难，由简到繁。

（七）非指导性教学模式

非指导性教学模式是 20 世纪中期，美国心理学家**罗杰斯**将其心理治疗观推广到教育中形成的、在西方国家广为流传的一种教学模式。非指导性教学是一种以学生为中心、以情感为基调、教师是促进者、学生自我发起的学习与教学模式。这一模式着眼于教学的长期、间接的效果、倾向、变化和整个人格的发展，目标是培养"完整的人"。其教学的基本程序是：创设情境——开放性探索——个人或小组鉴别。运用这种教学模式时，要特别注意创设心理自由和心理安全的环境，注意建立良好的师生关系；同时，教师要尊重学生的意愿，把学生作为教学的中心。

（八）暗示教学法

暗示教学模式是一种运用暗示手段激发个人心理潜能、提高学习效率的教学模式。它是由保加利亚心理治疗医生洛扎诺夫在20世纪60年代创立的一种教学模式。暗示教学模式强调无意识心理活动和情感在学习中的作用，通过各种暗示手段，充分调动学生的无意识心理活动，运用鲜明的形象强化和外围知觉唤起学生的视听感觉，使学生在轻松、舒畅的情况下进行学习，进而不断促进学生生理和心理潜力的发展。

第六节　教学评价

一、教学评价的概念（单选题、辨析题）

教学评价是指以教学目标为依据，通过一定的标准和手段，对教学活动及其结果给予价值上的判断，即对教学活动及其结果进行测量、分析和评定的过程。

二、教学评价的分类（单选题）

（一）按评价采用的标准，教学评价可分为相对性评价、绝对性评价和个体内差异评价

1. 相对性评价

相对性评价，是用常模参照性测验对学生成绩进行评定，它依据学生个人的成绩在该班学生成绩序列中或常模中所处的位置来评价和决定他的成绩优劣，而不考虑他是否达到教学目标的要求，故相对性评价也称常模参照性评价。

2. 绝对性评价

绝对性评价，又称目标参照性评价，是运用目标参照性测验对学生的学习成绩进行的评价。它主要依据教学目标和教材编制试题来测量学生的学业成绩，判断学生是否达到了教学目标的要求，而不以评定学生之间的差异为目的。

3. 个体内差异评价

个体内差异评价既不是在被评价群体之内确立基准，也不是在群体之外确立基准，而是对被评价的个体的过去和现在相比较，或者是对其若干侧面进行比较。

（二）按评价功能与作用，教学评价可以分为诊断性评价、形成性评价和总结性评价

教学评价的分类见表7-1。

表 7-1　教学评价的分类

类型\要点	诊断性评价	形成性评价	总结性评价
实施时间	教学之前	教学过程中	教学之后
评价目的	摸清学生情况以便安排学习	了解学习过程，调整教学方案	检验学习结果，评定学习成绩
评价方法	观察、调查、作业分析、测验	日常测验、作业分析、日常观察	考试或考查
作用	查明学习准备情况和不利因素	确定学习效果	评定学业成绩

章节配套练习

1. [单选题] 在教学过程中，教师主导作用发挥的主要标志是（　　）。
   A. 确保学生的独立地位　　　　B. 维持正常课堂秩序
   C. 维护教师的中心地位　　　　D. 调动学生的积极性

2. [单选题]"授人以鱼，仅供一饭之需；授之以渔，则终身受用无穷"说明教学应重视（　　）。
   A. 知识的传授　　　　　　　　B. 发展学生的能力
   C. 培养学生积极的心理品质　　D. 培养学生良好的思想品质

3. [单选题] 从获取经验的性质看，教学过程的重要特点是以学习（　　）为主。
   A. 直接经验　　　　　　　　　B. 间接经验
   C. 感性知识　　　　　　　　　D. 理性知识

4. [单选题] 明确提出"教学永远具有教育性"的教育家是（　　）。
   A. 夸美纽斯　　　　　　　　　B. 赫尔巴特
   C. 杜威　　　　　　　　　　　D. 赞可夫

5. [单选题] 罗老师讲解课程"观潮"时，播放了一段视频，让学生感受钱塘江大潮的雄伟壮观，其遵循的教学原则是（　　）。
   A. 启发式原则　　　　　　　　B. 因材施教原则
   C. 直观性原则　　　　　　　　D. 循序渐进原则

6. [单选题]"道而弗牵，强而弗抑，开而弗达"所阐明的教学原则是（　　）。
   A. 循序渐进原则　　　　　　　B. 直观性原则
   C. 启发性原则　　　　　　　　D. 因材施教原则

7. [单选题] 根据学生个人的成绩在该班学生成绩序列中所处的位置来判断其成绩的优劣，而不考虑其是否达到了教学目标的要求。这种教学评价属于（　　）。

A. 诊断性评价
B. 绝对性评价
C. 总结性评价
D. 相对性评价

8. [单选题] 我国最早采用班级授课制是在（　　）。

A. 1856 年
B. 1860 年
C. 1862 年
D. 1866 年

9. [单选题] 教学活动的本质是（　　）。

A. 认识活动
B. 实践活动
C. 交往活动
D. 课堂活动

10. [单选题] 在教学过程的基本阶段中，居于中心环节的是（　　）。

A. 引起学习动机
B. 领会知识
C. 巩固知识
D. 运用知识

11. [单选题] 在一堂化学课上，张老师运用分子模型和挂图，帮助学生认识乙醛的分子结构。张老师采用的教学方法是（　　）。

A. 实验法
B. 练习法
C. 作业法
D. 演示法

12. [单选题] 把两个或两个以上年级的学生编在一个班级，在一节课内由一位教师对不同年级学生进行直接教学与布置、完成作业轮流交替的教学组织形式是（　　）。

A. 合作学习
B. 复式教学
C. 小班教学
D. 分层教学

【参考答案】

1. D　2. B　3. B　4. B　5. C　6. C　7. D　8. C　9. A　10. B　11. D　12. B

有任何疑问或者建议

都可以扫码反馈哦～

第四模块

中学生学习心理

第八章　学习的认知基础

知识模块	考点细化	单选题	辨析题	简答题	材料分析题	重要程度
感觉	概念	√	—	—	—	—
	一般规律	√	—	—	—	★
知觉	概念、关系	√	—	—	—	—
	分类	√	—	—	—	★
	特性	√	—	√	—	★★
注意	概念	√	—	—	—	—
	分类	√	√	—	—	★★
	品质	√	√	√	—	★★★
	应用	√	—	√	—	★
记忆	概念	√	—	—	—	—
	分类	√	√	√	—	★★★
	过程	√	—	√	√	★★
	提高方法	—	—	√	√	—
想象	概念	√	—	—	—	—
	分类	√	—	—	—	★
思维	概念、特点	√	—	—	—	—
	分类	√	—	—	—	★★

第一节　感　觉

一、感觉的概念（单选题）

感觉是人脑对当前直接作用于感觉器官的客观事物的个别属性的反映，也是人们认识世界的开端，是知识的源泉，是一切心理活动的基础。

二、感觉的一般规律（单选题）

（一）刺激强度与感觉大小的关系——感受性和感觉阈限

感觉是由刺激物直接作用于某种感官引起的，但是，人的感官只对一定范围内的刺激有反应。这个范围及其对应的感觉能力，称之为感受性和感觉阈限。**感受性**是指感觉器官对适宜刺激的感觉**能力**。关于感受性的强弱，心理学上用感觉阈限的值来度量。**感觉阈限**是指能引起感觉持续一定时间的刺激量。

1. 绝对感受性和绝对感觉阈限

刚刚能引起感觉的**最小刺激量**叫作绝对感觉阈限。凡是没有达到这个数量的刺激物，都处于感觉阈限之下。这种对**最小刺激量**的感受能力叫作绝对感受性。

绝对感受性可以用绝对感觉阈限值来衡量。绝对感觉阈限越大，即能够引起感觉所需要的刺激量越大，感受性就越小。相反，绝对感觉阈限越小，感受性越大。

2. 差别感受性和差别感觉阈限

刚刚能引起新感觉的两个刺激的**最小差别量**叫差别感觉阈限。这里的差别感觉阈限是指引起的新感觉，而感觉**最小差别量的能力**，叫作差别感受性。

3. 感觉阈限和感受性的关系

感觉阈限和感受性之间成**反比**关系，即人的感觉阈限越高，说明人的感受性越低。

（二）感觉的相互作用

感觉的相互作用有两种形式：一是同一感觉中的相互作用；二是不同感觉之间的相互作用。

1. 同一感觉的相互作用

（1）感觉的适应。

感觉的适应是指**相同的**刺激物持续地作用于某一特定感受器而使差别感受性发生变化的现象，可引起感受性的提高，也可以引起感受性的降低。感觉适应有很多种，常见的如视觉适应、听觉适应、嗅觉适应、味觉适应、触压觉适应和温度觉适应。如"入芝兰之室，久而不闻其香；入鲍鱼之肆，久而不闻其臭"就是嗅觉适应的表现。

视觉适应包括明适应和暗适应两种。

暗适应是指照明停止或由亮处转入暗处时视觉感受性提高的时间过程。由明处走到暗处，开始时觉得一片漆黑，什么也看不见，经过一段时间后，眼睛开始能看清黑暗中的物体，说明视觉感受性提高了。

明适应与暗适应相反，是指照明开始或由暗处转入亮处时，人眼感受性下降的时间过程。暗适应时间较长，而明适应的时间很短暂。实验证明，人们在暗处停留1小时，对光的感受性可提高20万倍。需要注意的是，暗适应时间较长，全部完成大约需要30~40分钟；而明适应进行得很快，时间很短暂，仅需约5分钟就全部完成了。

（2）感觉的对比。

感觉的对比是指**两种**不同的刺激物作用于感受器而使感受性发生变化的现象，可以分为同时对比和继时对比。

同时对比：几个刺激物同时作用于同一感受器时产生同时对比，正如一灰色纸片放在白色背景上显得暗些，放在黑色背景上则显得亮些。

继时对比：刺激物先后作用于同一感受器时会产生继时对比现象。如吃糖后再吃苹果，会觉得苹果很酸；而吃了苦药后，喝白开水也会觉得很甘甜。

2. 不同感觉的相互作用

某种感觉器官由于受到刺激而对其他器官的感受性造成影响，使其升高或降低，这种现象称为不同感觉之间的相互作用。

（1）不同感觉的相互补偿。

当某种感觉受损或缺失后，其他感觉会予以弥补的现象称为感受的补偿作用。

【例】盲人失去视觉，听觉会更加灵敏。

（2）联觉。

联觉是指由一种感觉引起或同时兼有另一种感觉的现象。联觉的形式很多，最突出的是颜色联觉。红、橙、黄等颜色可以引起温暖的感觉，因此被称为暖色；蓝、青、绿等颜色往往引起寒冷、凉快的感觉，因此被称为冷色。音乐家常会发生视听联觉，在声音作用下，大脑中产生某种视觉形象。

第二节 知 觉

一、知觉的概念（单选题）

知觉是人脑对当前直接作用于感觉器官的客观事物的**整体**属性的反映。

二、感觉和知觉之间的关系（单选题）

（一）感觉和知觉的联系

感觉和知觉是不可分割、相互联系的。感觉是知觉的有机组成部分，是知觉产生的前提和基础。它们都是客观事物直接作用于感觉器官，在头脑中产生的对当前事物的直接反映。同时，它们的主观映像都是具体的感性形象，同属感性认识阶段。

（二）感觉和知觉的区别

感觉是对事物个别属性的反映，而知觉是对事物整体属性的反映。

三、知觉的种类（单选题）

根据知觉对象不同，可将知觉划分为空间知觉、时间知觉、运动知觉、社会知觉和错觉。其中，社会知觉和错觉为高频考点，下面将对这两个考点进行展开介绍。

（一）社会知觉

根据知觉对象的不同，知觉可划分为空间知觉、时间知觉、运动知觉和社会知觉，其中，社会知觉为考查重点。

社会知觉是对社会对象的知觉。它不仅是对人的外部特征（外貌、姿态、行为举止等）的知觉，而且要在人与人的交往过程中，通过对人外部特征的知觉来判断人的内部动机、兴趣、个性和心理状态等，从而形成对人的认识、印象和评价。社会知觉包括对他人的知觉、自我知觉、人际知觉和角色知觉等。在社会知觉中，人们常出现的四种偏差分别为：

（1）**首因效应**。首因效应也称为**第一印象**，是指与陌生人初次相见时对方给自己留下的印象。它鲜明、深刻而牢固，会给人一种固定的印象，影响甚至决定着今后的交往关系，在社会知觉中起着重要作用。

（2）**晕轮效应**。晕轮效应是指在对人的某些品质、特征形成了清晰、鲜明的印象后，掩盖了其余品质、特征的知觉。日常生活中常见的"以偏概全""一俊遮百丑""一坏百坏"，即晕轮效应的体现。

（3）**刻板印象**。刻板印象是指对社会上的某类人群所持有的固定的看法，可以存在于人的意识中。

（4）**近因效应**。近因效应是指最近获得的有关熟人的信息给人留下的深刻印象和强烈影响。

（二）错觉

错觉是对客观事物不正确的知觉。错觉有时给生活和实践带来麻烦，造成损失，但有时也可以根据规律，运用错觉为实践服务。

四、知觉的特性（单选题、简答题）

（一）知觉的整体性

知觉的整体性是指当刺激不完备时，根据一些个别对象而知觉到一个有意义的整体的特性。客观事物是由许多属性、部分组成的整体，它在作为刺激物作用于人们的感官时往往是不完备的，通常只呈现出部分或个别属性，但是人在主观上却能完整地感知它。知觉的整体性强调的是**部分与整体**之间的关系。

（二）知觉的理解性

人们依据已有的知识经验对感知的新事物进行加工处理，并用言语把它的特性揭示出来的特性称为知觉的理解性。人的知识经验不同，对同一知觉对象的理解也不同。

（三）知觉的选择性

在同一时间内，作用于人的刺激物很多，但是由于信息通道的局限性，人们不可能对所有的刺激物都进行清晰反映，只能对那些对自己有重要意义的刺激物有清晰反映。这种对一部分刺激物进行清晰反映，而对其余刺激物进行模糊反映的特性就是知觉的选择性。被清晰反映的刺激物叫知觉的对象，被模糊反映的刺激物叫知觉的背景。

影响知觉选择性的因素很多，但对象与背景的差异性、物体的运动变化、刺激物的强度以及知觉者的需要、目的任务、兴趣、已有知识经验是其主要影响因素。

（四）知觉的恒常性

在知觉过程中，由于知识经验的参与，知觉并不因物理条件（如距离、光亮等）的变化而改变，仍然保持相对稳定和不变的特性称为知觉的恒常性。

另外，知觉的恒常性还表现在明度恒常性、形状恒常性和颜色恒常性等方面。

第三节　注　意

一、注意的概念（单选题）

注意是人的心理活动对一定对象的**指向和集中**，是心理过程的动力特征之一。它与认知过程、情绪情感过程、意志过程难以分开，是一切心理活动的共同特征。注意是心理活动的重要特性，但不是独立的心理过程。

二、注意的分类（单选题、辨析题）

根据有无目的和是否需要意志努力，注意可以分为无意注意、有意注意和有意后注意三种。注意的分类见表8-1。

表8-1　注意的分类

类型	目的性	意志努力	性质	事例
无意注意 （不随意注意）	无	不需要	低级、自发的	窗外的歌声
有意注意 （随意注意）	有	需要	高级、自觉地	学习、听课
有意后注意 （随意后注意）	有	不需要	最高级、 自觉程度很强	电脑打字中的"盲打"

三、注意的品质（单选题、辨析题、简答题）

（一）注意的广度

注意的广度也称注意的范围，是指在同一时间内，人们所能注意到的对象的数量。

影响注意的广度的因素有：

（1）知觉对象的特点。

（2）当时的知觉任务。

（3）已有的知识经验和水平。

注意的广度的扩大，在生活实践中有很重要的意义。学习过程中注意广度大，阅读速度就快，所谓"一目十行"是指能在同样的时间内接收更多信息。

（二）注意的稳定性

注意的稳定性，是指注意保持在某一对象或某一活动上的时间长短的特性。持续的时间越长，注意就越稳定。

要使注意持久地集中在一个对象上，是很困难的。当注意某一对象时，人的注意不能长时间地保持固定状态，而是在间歇性地加强或减弱。注意的这种周期性变化称为注意的起伏，有时也称注意的动摇。

注意的不稳定表现为注意的分散，也叫分心。注意的分散是指注意离开了当前应当完成的任务而受无关的事物吸引，它使人们不能清晰地认识事物，所以人们必须和它斗争。

【注意起伏与注意分心的区别】 注意起伏是一种生理现象，无法克服。注意起伏的对象没有改变，所以这种起伏并不起到消极作用。注意分心是指受无关刺激物的干扰，离开了当前应该要指向的对象，是一种消极的影响。

（三）注意的分配

注意的分配是指在同一时间内把注意指向不同的对象。

（四）注意的转移

注意的转移是根据新的任务要求，**主动地**把注意从一个对象转移到另一个对象上或由一种活动转移到另一种活动的现象。

【注意转移与注意分散的区别】 注意的转移与注意的分散是不同的。前者是根据任务的需要，主动地把注意从不该注意的对象转向应该注意的对象；后者是受到无关刺激的干扰，把注意从应该注意的对象转到不该注意的对象上。

> **真题再现**
>
> 建华在听课过程中会不由自主地玩手机或做小动作。这种现象属于（　　）。
>
> A. 注意集中　　　　　　　　B. 注意分散
>
> C. 注意分配　　　　　　　　D. 注意转移
>
> **【答案】**B

四、注意规律的应用（单选题、简答题）

（一）无意注意规律在教学中的应用

教师要利用客观刺激物的特点组织学生的注意，主要应从以下几方面入手：

（1）要消除容易分散学生注意的无意注意因素。如保持教室的安静、教室内布置得简朴等。

（2）充分利用容易引起学生对教学内容产生无意注意的因素，使学生集中注意听讲。如教学方法要新颖、教学形式要多样化、教学组织要生动有趣、教学内容要丰富且逻辑性强等。

（3）教师在教学中要考虑学生的需要、兴趣、知识经验和情绪状态，使教学方法、教学形式、教学内容符合学生的需要，切合学生实际，引起学生的无意注意。

（二）有意注意规律在教学中的应用

（1）明确学习目的和任务。有意注意的规律表明：注意的目的越明确、任务越清楚，就越容易引起和保持有意注意。教师在讲授每一门学科、每一章节时，要使学生明确学习的重要意义，也要明确提出需要解决的问题。要预先说明问题的复杂性和重要性，以引起学生对有关问题的有意注意。

（2）激发和培养间接兴趣。间接兴趣能保持有意注意。教师在教学中，对那些难以产生直接兴趣的学科、内容应加强引导，激发和培养学生对学习该学科、该内容的美好结果的向往和追求，从而产生间接兴趣。这样就会使学生的注意力集中在完成学习任务的各种活动上。

（3）正确组织课堂教学。教师应严密地组织课堂教学。教学内容和时间安排必须紧凑，引导学生自始至终积极思考，使每个学生都投入紧张的学习活动中，减少注意分散的机会。同时，教师还要把智力活动和实际操作结合起来，以助于引起和保持学生的有意注意。

（4）采取方法，制止注意分散。当学生注意分散时，教师可根据具体情况，采取一定措施，把学生的注意引回教学内容中，以培养学生的有意注意。

（三）两种注意转化规律在教学中的应用

在教学过程中，学生完全依靠有意注意来学习，大脑皮层长时间处于兴奋状态，容易产生疲劳和注意的涣散，但学生也不能单凭无意注意来学习，因为任何学科的内容不可能都是有趣和吸引人的，不是轻而易举就能掌握的，必须通过有意注意来协调活动，才能完成学习任务。因此，在教学过程中，教师要善于引导学生两种注意有节奏地交替转换。这样既能使学生保持长时间稳定的注意，又能缓解他们的学习疲劳，提高学习效率。

第四节　记　忆

一、记忆的概念（单选题）

记忆是人脑对过去经验的**保持和再现**。所谓经历过的事物，是指过去曾经感知过的事物、思考过的问题、体验过的情绪情感、练习过的动作。这些事物都会在人脑中留下一定的痕迹。

二、记忆的分类（单选题、辨析题、简答题）

（一）根据信息保持时间的长短，可将记忆分为瞬时记忆、短时记忆和长时记忆

1. 瞬时记忆

当客观刺激停止作用后，感觉信息会在一个极短的时间内保存下来，这种记忆叫瞬时记忆（又称感觉记忆或感觉登记），是记忆系统的开始阶段。瞬时记忆的特点包括：

（1）时间极短。

（2）容量较大。

（3）形象鲜明。

（4）信息原始，记忆痕迹容易衰退。

瞬时记忆的编码方式有图像记忆和声像记忆两种。**图像记忆**是瞬时记忆的主要编码形式。

2. 短时记忆

短时记忆（又称工作记忆）是指人脑中的信息在 1 分钟之内加工与编码的记忆，是信息从感觉记忆到长时记忆的过渡阶段。短时记忆的特点包括：

（1）时间很短。

（2）容量有限。

（3）意识清晰。

（4）易受干扰。

短时记忆的编码方式以**言语听觉**形式为主，也存在视觉和语义编码。

3. 长时记忆

长时记忆（又称永久性记忆）是信息经过充分加工后，在人脑中长久保持（一分钟以上）的记忆。长时记忆的特点包括：

（1）容量无限。

（2）信息保持时间长久。

长时记忆中的信息以**意义编码**为主。意义编码有两种形式：表象编码和语义编码，它们又被称为信息的双重编码。

长时记忆中的信息大部分来源于对短时记忆内容的加工，也有由于印象深刻一次获得的，即大部分信息是通过短时记忆才进入长时记忆的。短时记忆中的信息进入长时记忆的一条重要途径是进行精细的复述，与旧的知识经验联系起来，赋予它一定的意义，并对信息进行组织。长时记忆中的信息以概念体系、语义网络、图式等组织形式存储在大脑中。

（二）根据记忆的内容和经验的对象，可将记忆分为形象记忆、逻辑记忆、情绪记忆和动作记忆

1. 形象记忆

形象记忆是以我们感知过的事物形象为内容的记忆。这种记忆在头脑中保存的是事物的具体形象，它以表象的形式在头脑中储存过去的经验。

2. 逻辑记忆

逻辑记忆是个体以词语所概括的事物之间的关系以及事物之间的意义和性质为内容的记忆。

3. 情绪记忆

情绪记忆是个体以曾经体验过的情绪或情感为内容的记忆。它是个体将过去经历过的情绪情感体验保存在记忆中，并在一定条件下，这种情绪情感被重新体验到的过程。

4. 动作记忆

动作记忆是以做过的运动或动作为内容的记忆，也称运动记忆。

（三）根据信息加工与存储的内容不同，可分为陈述性记忆和程序性记忆

1. 陈述性记忆

陈述性记忆是指对有关事实和事件的记忆，如知识和日常的生活常识。它可以通过言语传授而一次性获得，它的提取往往需要意识的参与。

2. 程序性记忆

程序性记忆是指对如何做事情的记忆，包括对知觉技能、认知技能和运动技能的记忆。

（四）根据意识参与的程度，可将记忆分为外显记忆和内隐记忆

1. 外显记忆

外显记忆是指个体有意识地或主动地收集某些经验用以完成当前任务时表现出来的记忆，它对行为的影响是个体能够意识到的，因此也称受意识控制的记忆。

2. 内隐记忆

内隐记忆是指在不需要意识参与或不需要有意回忆的情况下，个体的已有经验自动对

当前任务产生影响而表现出来的记忆。

三、记忆过程（单选题、简答题、材料分析题）

记忆过程包括**识记、保持与遗忘、再认或回忆**三个环节。从信息加工的角度来看，记忆过程是对输入信息的编码、储存和提取的过程。

（一）识记

识记是记忆过程的第一个基本环节，是指个体获得知识经验的过程。它具有选择性的特点，即对信息的识记具有选择性。

（1）**根据有无目的性**，识记可分为无意识记和有意识记。无意识记是指事先没有预定目的，也不需要运用任何有助于识记的方法和意志努力，自然而然地识记。有意识记是指有明确的目的，并运用一定方法的识记，在识记过程中需要一定的意志努力。

（2）**根据材料的性质和方法的不同**，识记可分为机械识记和意义识记。机械识记是指只根据材料的外部联系或表现形式，以简单、重复的方式进行的识记。意义识记是指在理解的基础上，根据材料的内在联系或已有知识之间的联系所进行的识记，它是学生识记的主要形式。

（二）保持与遗忘

保持是指已获得的知识经验在人脑中的巩固过程，是记忆过程的第二个环节，但是，识记的材料在保持过程中总会发生不同程度的变化和遗忘。

遗忘和保持是矛盾的两个方面。记忆的内容不能保持或提取时有困难就是遗忘，如识记过的事物，在一定条件下不能再认或回忆，或者再认和回忆时发生错误。

最早对遗忘进行实验研究的是德国心理学家**艾宾浩斯**，他提出了著名的**"遗忘曲线"**。艾宾浩斯指出，遗忘是有规律的，即遗忘的进程是不均衡的，其趋势是先快后慢，呈负加速，并且到一定的程度就不再遗忘了。

1．影响遗忘进程的因素

（1）学习材料的性质与数量。

有意义的材料比无意义的材料遗忘得慢；形象材料比抽象材料遗忘得慢；熟练的动作技能遗忘得最慢。在学习程度相等的情况下，识记材料越多，忘得越快；识记材料较少，则遗忘较慢。

（2）学习程度。

实验证明，过度学习（即能够背诵之后再进行的学习）的程度达到50%，即学习的熟练程度达到150%时，记忆效果最好。

（3）识记材料的系列位置。

一般系列材料的开始和末尾部分记忆效果较好，中间位置的内容则容易遗忘。这可能与前摄抑制、倒摄抑制有关。**前摄抑制**是指先学习的材料对后学习材料的记忆所产生的干扰作用；**倒摄抑制**是指后学习的材料对先学习材料的记忆所产生的干扰作用。

（4）识记者的态度。

一般情况下，人们对感兴趣的或可以满足自身需要的材料遗忘得稍慢；反之，则容易遗忘。

2. 遗忘的原因

心理学家对遗忘的原因持不同看法，具体包括以下几种：

（1）消退说。

消退说认为，遗忘是记忆痕迹得不到强化而逐渐衰弱，以致最后消退的结果。

（2）干扰说。

干扰说认为，遗忘是由于在学习和回忆之间受到其他刺激的干扰所致。一旦干扰被排除，记忆就能恢复，而记忆痕迹不会消退。干扰说可用前摄抑制和倒摄抑制来说明。

（3）压抑（动机）说。

压抑说认为，遗忘是由于情绪或动机的压抑作用引起的，如果压抑被解除，记忆就能恢复。由情绪紧张引起的遗忘（考试时常发生）就属于这种类型。

（4）提取失败说。

很多人有过这样的经历，明明知道对方的名字，但就是想不起来，这种现象称为"舌尖现象"。遗忘之所以发生，不是因为存储在长时记忆中的信息消失了，而是因为编码不准确，失去了检索线索或线索出现了错误。

（三）回忆和再认

回忆是指过去经历过的事物不在面前时，人们在头脑中把它重新呈现出来的过程。**再认**是指当感知过、思考过或体验过的事物再度呈现时，人们仍能认识的心理过程。

四、增强记忆效果的方法（简答题、材料分析题）

（1）明确记忆目的，增强学习的主动性。

（2）理解学习材料的意义。

（3）对材料进行精细加工，促进对知识的理解。

（4）运用组块化学习策略，合理组织学习材料。

（5）运用多重信息编码方式，提高信息加工处理的质量。

（6）重视复习方法，防止遗忘知识。①及时复习；②合理分配复习时间；③分散复习与集中复习相结合；④复习方法多样化；⑤运用多种感官参与复习；⑥尝试回忆与反复识记相结合。

◀ 真题再现 ▶

艾宾浩斯遗忘曲线表明，遗忘的速度是不均衡的，呈现的趋势是（　　）。

A. 先慢后快

B. 匀速加快

C. 先快后慢

D. 匀速减慢

【答案】C

第五节　想　　象

一、想象的概念（单选题）

想象是人脑对已储存的表象进行加工改造，形成新形象的心理过程。

二、想象的分类（单选题）

第一，从有无目的性的角度，想象可分为**有意想象**和**无意想象**。有意想象又称随意想象，是指有预定目的、自觉进行的想象，有时还需要一定的意志努力。无意想象又称不随意想象，是没有预定目的、不由自主产生的想象。

第二，从内容是否新颖的角度，想象可分为**再造想象**和**创造想象**。再造想象是根据语词的描述或图像的示意，在头脑中形成相应形象的心理过程。创造想象是根据一定的目的在头脑中独立地形成新形象的心理过程。

幻想是创造想象的一种特殊形式，是一种指向未来并与个人的愿望相联系的想象。如果幻想以现实为依据并指向行动，经过努力最终可以实现，那么它就变成了理想。如果幻想完全脱离现实，毫无实现的可能，那么它就成为空想。

◀ 真题再现 ▶

伟华看见天上的浮云，脑中出现"骏马""恐龙"等动物形象，这种现象属于（　　）。

A. 有意想象

B. 无意想象

C. 再造想象

D. 创造想象

【答案】B

第六节　思　　维

一、思维的概念（单选题）

思维是人脑对客观事物本质特征和内在规律性联系的间接的概括的反映。

二、思维的特点（单选题）

（一）间接性

间接性指人借助已有的知识经验来理解和认识另一些不能被直接感知或不可能被直接感知的事物、事物之间的联系以及事物发展的进程。

（二）概括性

概括性指思维所反映的不是个别的事物或事物的个别属性，而是一类事物所共有的本质特征以及事物所具有的普遍的或必然的联系。

三、思维的分类（单选题）

（一）根据思维活动凭借物的不同，思维可分为感知动作思维、具体形象思维和抽象逻辑思维

1. 感知动作思维

感知动作思维是一种依赖实际动作为支柱的思维，其特点是以实际操作解决直观的、具体的问题。在3岁前，儿童的思维常常是伴随着动作进行的，他们不能在动作之外默默思考。

2. 具体形象思维

具体形象思维是一种利用头脑中的具体的形象来解决问题的思维。3~7岁的儿童主要用具体形象来思考，思维活动受具体知觉情境的影响。

3. 抽象逻辑思维

抽象逻辑思维是一种以概念、判断和推理的形式进行的思维。由于这种思维是借助于语词、符号来思考的，因此也称为语词逻辑思维。7岁以后，儿童通常开始出现抽象逻辑思维。

（二）根据思维活动探索目标方向的不同，思维可分为集中性思维（辐合思维、求同思维）和发散性思维（辐射思维、求异思维）

1. 集中性思维

集中性思维是指人们根据已知的信息，利用熟悉的规则解决问题。也就是把问题所提

供的各种信息集中起来得出一个正确的答案（或一个最好的解决方案）。

2. 发散性思维

发散性思维是沿着各种不同的方向去思考，追求多样性的答案。

（三）根据思维活动创新程度的不同，思维可分为常规性思维和创造性思维

1. 常规性思维

常规性思维是指用常规的方法、固定的模式去解决问题的思维方式。

2. 创造性思维

创造性思维是指能产生新的思维成果，具有独创性的思维。一切科学发明创造，都是创造性思维的结果。

（四）根据思维的逻辑性，思维可分为分析思维和直觉思维

1. 分析思维

分析思维是遵循严密的逻辑程序和规律，逐步推导，然后得出合乎逻辑的正确答案或做出合理的结论的思维。

2. 直觉思维

直觉思维是人脑对事物整体及其本质直接领悟的思维活动，它表现在对事物及其关系敏锐、迅速的识别和整体的把握上。

章节配套练习

1. [单选题] 王老师播放一首交响曲后，学生们便在头脑中产生了相应的视觉想象。同学们的这种心理活动属于（　　）。

    A. 对比　　　　　　　　　　　B. 联觉

    C. 补偿　　　　　　　　　　　D. 错觉

2. [单选题] 小丹号称当她听到小刀刮竹子的声音时，就会觉得很冷，浑身不舒服。这种感觉现象是（　　）。

    A. 适应　　　　　　　　　　　B. 对比

    C. 联觉　　　　　　　　　　　D. 合一

3. [单选题] 图形虽不是封闭的，但我们知觉它时，通常不会把它知觉成四条分割的线段，而是把它知觉成完整的图形。这反映的是知觉的哪种特性？（　　）

    A. 整体性　　　　　　　　　　B. 选择性

    C. 理解性　　　　　　　　　　D. 恒常性

4. [单选题] 当王老师讲题时，迟到的钱冰突然推门而入，同学们不约而同地把目光投向了他。同学们的这种心理活动属于（　　）。

    A. 无意识记   B. 有意识记

    C. 无意注意   D. 有意注意

5. [单选题] 杨老师一边讲课，一边观察学生的反应。这体现了注意的哪种品质？（　　）

    A. 注意的分配   B. 注意的稳定性

    C. 注意的广度   D. 注意的转移

6. [单选题] 小丽先后学习了两组难易相当、性质相似的材料。在随后的检查中，老师发现她对前面一组材料的回忆效果不如后面一组好。这是由于小丽受到了（　　）的影响。

    A. 倒摄抑制   B. 前摄抑制

    C. 分化抑制   D. 延缓抑制

【参考答案】

1. B   2. C   3. A   4. C   5. A   6. A

第九章　学习与学习理论

知识模块	考点细化	单选题	辨析题	简答题	材料分析题	重要程度
学习的实质与类型	实质	√	√	—	—	★★
	类型	√	—	√	—	★
学习理论	行为主义	√	√	—	—	★★★
	认知主义	√	√	√	—	★★★
	建构主义	—	—	√	√	★★
	人本主义	√	—	—	√	★

第一节　学习的实质与类型

一、学习的实质（单选题、辨析题）

广义的学习是指人与动物在生活过程中凭借经验产生的行为或行为潜能的相对持久的变化。"学习"这一定义的实质包括了三个方面：一是学习表现为个体产生了某种变化；二是学习所引起的变化是相对持久的；三是学习是由反复的经验而引起的。狭义的学习是指人类的学习。

二、学习的分类（单选题、简答题）

加涅把学习结果分为五类：言语信息、智慧技能、认知策略、动作技能和态度。

1. 言语信息

学生掌握的是以言语信息传递（通过言语交往或印刷物的形式）的内容或者学生的学习结果是以言语信息表达出来，是学习解决"是什么"的问题。

2. 智慧技能

智慧技能表现为使用符号与环境相互作用的能力。它指向学习者的环境，使学习者能够处理外部的信息。主要是运用概念和规则办事情的能力，是学习解决"怎么做"的问题。按学习水平及其所包含的心理运算的不同复杂程度，依次分为辨别——概念——规则——高级规则（解决问题）等智慧技能。

3. 认知策略

认知策略是学习者用以支配自己的注意、学习、记忆和思维的有内在组织的才能，这种才能使学习过程的执行控制成为可能。

智慧技能定向于学习者的外部环境，而认知策略则支配着学习者在应付环境时其自身的行为，即"内在的"的东西。

4. 动作技能

动作技能指通过练习获得的、按一定规则协调自身肌肉运动的能力。表现为平稳而流畅、精确而适时的动作操作能力。

5. 态度

态度指通过学习获得的影响个人所采取行动倾向的内部状态，表现为影响个体对人、对物或对某些事件的选择倾向。

第二节 学习理论

一、行为主义学习理论（单选题、辨析题）

行为主义学习理论，又称学习的联结理论或"刺激—反应"理论，它强调学习就是在刺激与反应之间建立联结的过程。强化在"刺激—反应"联结的建立中起着重要作用。行为主义学习理论的代表人物主要有巴甫洛夫、桑代克、斯金纳等。

（一）经典性条件作用论

巴甫洛夫是俄国著名的生理学家，他通过对狗的消化腺分泌变化的研究，提出了著名的**经典性条件作用论**。

巴甫洛夫在研究狗的进食行为时发现，狗吃到食物时会分泌唾液，这是自然的生理反应，不需要学习，这种反应叫**无条件反射**。引起这种反应的刺激是食物，称为**无条件刺激**。如果在狗每次进食时响起铃声，一段时间后，狗只要听到铃声就会分泌唾液，这时作为**中性刺激的铃声**由于与无条件刺激联结而成了**条件刺激**，由此引起的唾液分泌就是**条件反射**，后人称之为**"经典性条件作用"**。

经典条件反射的基本规律包括获得与消退、泛化与分化。

1. 获得与消退

条件反射的获得是通过条件刺激反复与无条件刺激相匹配，从而使个体学会对条件刺激做出条件反应的过程而建立起来的。如果条件刺激重复出现多次而没有无条件刺激相伴随，则条件反应会削弱，并最终消失，即条件反射的消退。

2. 泛化与分化

泛化是指对相似的刺激以同样的方式做出反应，即"分不清"。分化是指对相似但不同的刺激做出不同的反应，即"分得清"。

真题再现

在心理学实验中，为了使小狗能够区分开圆形光圈和椭圆形光圈，研究者只在圆形光圈出现时才给予食物强化，而在呈现椭圆形光圈时不给予强化，那么小狗便可以学会只对圆形光圈做出反应而不理会椭圆形光圈。该过程称为（　　）。

A. 刺激分化　　　　　　　　　B. 刺激泛化

C. 刺激获得　　　　　　　　　D. 刺激消退

【答案】A

（二）桑代克的尝试—错误说（试误论）

桑代克是美国著名的心理学家，他采用实证主义的研究取向，使教育心理学研究走向了科学化的道路，是科学教育心理学的开创者，是第一个系统论述教育心理学的心理学家，被称为**"现代教育心理学之父"**。

桑代克把学习定义为**刺激与反应之间的联结**，这种联结是通过试误形成的。他的这个观点建立在**小猫"迷箱"实验**基础上。

1. 桑代克的小猫"迷箱"实验

桑代克将饥饿的猫禁闭于迷笼之内，饥饿的猫可以用抓绳或按钮等不同的动作逃出笼外获得食物。饥饿的猫第一次被关进迷笼时，开始盲目地乱撞乱叫，东抓西咬，经过一段时间后，它可能做对了打开迷笼门的动作，逃出笼外。桑代克重新将猫关入笼内，经过多次重复上述实验，最后一次，猫一放入迷笼就立即触动开关，获得食物。桑代克认为猫是在进行"尝试错误"的学习，经过多次的尝试错误，饿猫学会了打开笼门的动作。因此，有人将桑代克的这种观点称为学习的"尝试—错误说"，简称为"试误说"。

2. 基本观点

（1）**学习的实质**就在于形成情境与反应之间的联结，而且这种联结是直接的，不需要中介。

（2）**学习的进程**是一种渐进的、盲目的、尝试错误的过程。

（3）桑代克根据实验结果总结出了三条主要的联结**学习规律**：效果律、练习律、准备律。

①效果律。效果律是指试误过程中，在保持其他条件相同的情况下，若学习者对某一特定刺激做出反应后能获得**满意的结果**，那么反应与这一特定的刺激之间的联结便会增强；若得出烦恼的结果，这种联结便会削弱。即满意的结果会促使个体趋向和维持某一行为，而烦恼的结果会使个体逃避和放弃某一行为。

②练习律。练习律是指在试误的过程中，任何刺激与反应的联结，一经练习运用，其联结的力量就逐渐增大；而如果不运用，则联结的力量会逐渐减弱。对于已经形成的某种情境与某种反应的联结，**正确的重复**会增强这种联结。

③准备律。准备律是指学习者在学习开始时的预备定势。学习者有准备而且给以活动就感到满意，有准备而无活动就会感到烦恼，无准备而强制其活动也会感到烦恼。也就是说，学习者在进入某种情境时所具有的预备性反应倾向会影响到某种反应的学习。

3. 尝试—错误说的教育意义

桑代克的尝试—错误理论虽然是从动物实验推导出来的，但对于人类学习尤其是学生学习仍有很大的借鉴意义。根据中小学生的学习特点，这一理论特别强调"做中学"，即在实际的操作过程中学习有关的概念、原理、技能和策略等。具体而言，其对教育有以下指导意义：

（1）教师应该**允许学生犯错误**，并鼓励学生多尝试，从错误中学习，这样获得的知识才会更牢固。

（2）在识记教育过程中，教师应努力使学生的学习得到**自我满足的积极结果**，防止由于一无所获而得到消极的结果。

（3）在学习过程中，应**加强合理的练习**，并注意学习结束后应经常练习。

（4）任何学习都应该在学生有准备的状态下进行，不能经常进行"突然袭击"。

真题再现

"学习过程就是尝试错误的过程"，这一观点属于哪种学习理论？（　　　　）

A. 行为主义　　　　　　　　B. 认知主义

C. 人本主义　　　　　　　　D. 建构主义

【答案】A

（三）斯金纳的操作性条件作用论

1. 斯金纳的实验

实验时，斯金纳在箱内放进一只白鼠或鸽子，并设一杠杆或键，箱子的构造尽可能排除一切外部刺激。动物在箱内可自由活动，当它压到杠杆或啄键时，就会有一团食物掉进箱子下方的盘中，动物就能吃到食物。实验结果显示，动物的学习行为是随着一个起强化作用的刺激而发生的。斯金纳通过实验提出了操作性条件作用理论。

2. 基本观点

（1）斯金纳认为，人和动物的行为有两种：**应答性行为和操作性行为**。因此条件作用也分为经典性条件作用和操作性条件作用。应答性行为是由先前特定的刺激所引起的反应，是经典条件作用论研究的对象。操作性行为是通过对人或有机体的行为进行奖励或惩罚而发生的学习。

（2）操作性条件作用论认为**学习的实质是建立操作和强化物之间的联结**，强化可提高反应的概率。

（3）**操作性条件作用的基本规律包括强化、消退和惩罚**。

①强化又称为积极强化和消极强化，有正强化与负强化之分。正强化通过呈现某种（想要的）刺激增强反应发生的概率；负强化通过中止某种（讨厌的）刺激来增强反应发生的概率。负强化作用的类型又分为逃避条件作用与回避条件作用。

正强化的特殊形式叫普雷马克原则。指利用频率较高的活动来强化频率较低的活动，从而促进低频活动的发生。

②有机体做出某一行为反应后，不再有强化物伴随，那么，此类反应在将来发生的概率会分段降低，称之为消退。

③惩罚是当有机体做出某种反应后，呈现出厌恶刺激，以消除或抑制此类反应发生的分段过程。

3. 操作性条件作用的教育意义

基于操作性条件作用理论和积极强化原理设计的教学模式"程序教学与机器教学"风靡全球，成为 20 世纪第一次世界性的教学改革运动。程序教学的基本做法包括：

（1）小步子原则。

（2）积极反应原则。

（3）及时强化（反馈）原则。

（4）自定步调原则。

（5）低错误率原则。

（四）班杜拉的社会学习理论

班杜拉指出，行为主义的刺激—反应理论无法解释人类的观察学习现象，因为刺激—反应理论不能解释为什么个体会表现出新的行为，以及为什么个体在观察榜样行为后，这种已获得的行为可能在数天、数周甚至数月之后才出现等现象。所以，如果社会学习完全建立在奖励和惩罚的基础上，那么大多数人无法在社会化过程中生存。为了证明自己的观点，班杜拉进行了一系列实验，并在科学的实验基础上建立起了他的社会学习理论。

（1）社会认知学习理论把学习分为**参与性学习和替代性学习**。参与性学习是通过实践并体验行动后果而进行的学习，实际上就是在做中学。替代性学习也叫观察学习，即通过观察他人而进行的学习，在学习过程中学习者没有外显行为。

（2）班杜拉以儿童的社会行为习惯为研究对象，他认为**观察学习**是人的学习的最重要的形式。观察学习指通过观察并模仿他人而进行的学习。观察学习分为以下几个过程：

①注意：观察学习的起始环节，如果学习者对示范行为的重要特征不予注意，或无正确的知觉，就无法进行学习。

②保持：用言语和形象两种形式把所获得的信息转换成适当的表象保存起来。

③再现：把记忆中的表象转换成行为，并根据反馈来调整行为，以做出正确的反应。

④动机：学习者是否能够经常表现出示范行为受到行为结果的影响。

（3）在动机过程中，观察者的模仿动机存在三种来源：**直接强化、替代强化和自我强化**。直接强化是指个体直接体验到自己行为后果而受到的强化。替代强化是指观察者因看到榜样受强化而受到的强化。自我强化是指社会向个体传递某一行为标准，当个体的行为表现符合甚至超过这一标准时，他就对自己的行为实行自我奖励。

真题再现

李红看到王强经常帮助同学而受到老师多次表扬，因此她也愿意帮助同学。这种现象主要体现了哪种强化方式？（　　）

A. 负向强化　　　　　　　　　　B. 间隔强化

C. 自我强化　　　　　　　　　　D. 替代强化

【答案】D

二、认知主义学习理论（单选题、辨析题、简答题）

认知心理学家认为，在研究人类的复杂行为时，要关心刺激—反应的中间过程，即刺激是怎样引起反应和学习行为的内在机制是什么。他们认为，刺激与反应之间的联系是以意识为中介的，强调认知过程的重要性。

（一）苛勒的完形—顿悟说（格式塔学派）

早期的认知学习研究以格式塔学派为代表。格式塔心理学家认为，学习不是一个刺激和反应之间逐步形成联结的过程，而是一个顿悟的过程。格式塔心理学家苛勒通过"大猩猩摘取香蕉"的实验证实了这一思想。

1. 苛勒的经典实验

在一间屋子里，猩猩可以看到屋顶上悬挂着一串香蕉，但是它够不到。屋内的地上有几个箱子。面对这样的情境，猩猩一开始试图跳起来抓取香蕉，但是没有达到目的。后来它不跳了，而是在房间里走来走去，仿佛在观察房间里的东西。经过一段时间，猩猩突然走到箱子前面，站着不动，过了一会儿，它把箱子挪到香蕉下面，跳到箱子上，取到了香蕉。如果一个箱子不够高，猩猩还能把两个或更多的箱子叠起来以便于拿到香蕉。

苛勒还设计了许多类似的情境让猩猩解决问题。通过这些研究苛勒发现：猩猩不是通过尝试错误的方法来学习如何拿到香蕉的，而是突然学会如何解决问题。苛勒认为，用"知觉重组"可以解释这种学习：猩猩突然发现了箱子与香蕉之间的关系，它在认知结构中将已有的知识经验进行了重新组合，因此找到了解决问题的新方法。

2. 顿悟说的基本观点

（1）从学习结果来看，学习并不是形成刺激—反应的联结，而是**形成了新的格式塔**（或称完形）。

（2）从学习过程来看，学习是在头脑里主动积极地对情境进行组织的过程。学习过程不是渐进的尝试错误的过程，不是一种盲目的尝试，而是对情境的**突然顿悟**的过程。所谓顿悟，就是突然领会到自己的动作和情境，特别是和目的物之间的关系。

（3）刺激和反应之间是以**意识**为中介的。行为主义认为刺激和反应之间的联系是直接的，不需要意识的参与；但格式塔认为刺激与反应之间是以意识为中介的。

（二）布鲁纳的认知—结构学习论

1. 学习观

（1）学习的实质是主动地形成认知结构。布鲁纳认为，学习不是被动地形成刺激—反应的联结，而是主动地形成认知结构。

（2）学习的环节包括获得、转化和评价三个过程。布鲁纳认为，学习活动第一个环节是知识的获得；之后是将知识进行转化，从而纳入原有的认知结构当中去；最后是对知识转化过程进行评价。

（3）布鲁纳学习理论学习观的教育意义。布鲁纳认为，教学必须使学生形成良好的认知结构，这就要求教师首先应明确所要构建的学生的认知结构包含哪些组成要素，并最好能画出各组成要素的关系的图解。其次，教师应在此基础上采取有效的措施来帮助学生获得、转化和评价知识，使学科的知识结构转化为学生的认知结构，使书本中死的知识变成学生自己的活的知识。

2. 教学观

（1）教学的目的在于理解学科的基本结构。布鲁纳认为应促进学生对学科结构的一般理解，学生掌握了学科的基本结构后，就很容易掌握该学科的基本知识，从而促进学习。

（2）掌握学科基本结构的教学原则包括动机原则、结构原则、程序原则和强化原则。动机原则即学生有内在的学习兴趣；结构原则指的是任何知识结构都可以用动作、图像和符号三种表象形式来呈现；程序原则是指教师要采用适合学习者的教学程序；强化原则即对学习者进行必要的反馈，使其知道学习结果如何，这对学生的学习起着强化作用。

（3）布鲁纳学习理论教学观的教育意义。在引导学生理解教材结构的过程中，首先，应注意教学本身应有新异性，而且跨度应适当，难度不能过高或过低，以激发学生的好奇心和胜任感；其次，应根据中小学生的经验水平、年龄特点和教学材料的性质特点，选取灵活的教学程序和结构方式来组织实际的教学活动；最后，提供有助于学生矫正和提高的反馈信息，并教育学生进行自我反馈，以提高学习的自觉性和能动性。

3. 发现学习论

发现学习论是指学生在学习情境中，经由自己的探索而获得问题答案的一种学习方式。

（三）奥苏伯尔的有意义接受学习论

1. 学生的学习主要是有意义地接受学习

（1）奥苏伯尔从两个维度对学习做了区分：根据学习进行的方式把学习分为接受学习与发现学习，又根据学习材料与学习者原有知识结构的关系把学习分为机械学习与意义学习，并认为在学校情境中，学生的学习主要是**有意义地接受学习**。

（2）意义学习的实质是将符号所代表的新知识与学习者认知结构中已有的适当观点建立起**非人为的**和**实质性的**联系。所谓实质性的联系，即非字面的联系，是指表达的语词虽然不同，但却是等值的。一旦新旧知识建立这种实质性的联系，学习者就可以用不同形式表达相同的意思。所谓非人为的联系，即有内在联系而非任意性的联想或联系，指新知识与原有认知结构中的有关观念建立了某种合理或逻辑基础上的联系。

（3）意义学习的条件。

客观条件——学习材料本身有逻辑意义。一般来说，学生所用的教科书或教材，是人类认识世界的概括，都是有逻辑意义的。

主观条件——学习者自身因素。第一，学习者认知结构中必须具有能够同化新知识的适当的认知结构，以便与新知识建立联系；第二，学习者必须具有意义学习的心向，即学习者必须积极主动地将符号所代表的新知识与认知结构中适当知识加以联系的倾向性。

2. 有意义学习的内部心理机制——同化

奥苏伯尔认为有意义学习的过程就是原有观念对新观念加以同化的过程。其中，原有观念和新观念之间有三种关系，即下位学习（或称类属学习）、上位学习（或称总括学习）和并列学习（或称组合学习）。

（1）下位学习，又称类属学习，是一种把新的观念归属于认知结构中原有观念的某一部分，并使之相互联系的过程。它包括派生类属学习和相关类属学习。派生类属学习和相关类属学习的主要区别在于学习之后原有观念是否发生本质属性的改变。

（2）上位学习，又称总括学习，是在学生掌握一个比认知结构中原有概念的概括和包容程度更高的概念或命题时产生的。上位学习遵循从具体到一般的归纳概括过程。

（3）并列学习，是在新命题与认知结构中特有的命题，既非下位关系又非上位关系，而是在一种并列的关系时产生的。

3. 有意义学习的结果是形成认知结构

奥苏伯尔认为，认知结构是按层次的形式组织起来的诸多类属者，当学生把教学内容与自己的认知结构联系起来时，有意义学习就发生了。

4. 先行组织者

所谓先行组织者，是指先于学习任务本身呈现的一种引导性材料，它的抽象、概括和综合水平高于学习任务，并且与认知结构中原有的观念和新的学习任务相关联。先行组织者的目的在于为新的学习任务提供观念上的固着点，增加新旧知识之间的可辨别性，以促进学习的迁移。

真题再现

学生对"遗传与变异"之间关系的学习属于（　　）。

A. 组合学习　　　　　　　　　B. 上位学习

C. 下位学习　　　　　　　　　D. 归属学习

【答案】A

三、建构主义学习理论（简答题、材料分析题）

（一）建构主义学习理论观点

（1）知识观：质疑知识的客观性和确定性，强调知识的动态性。

（2）学习观：建构主义在学习观上强调学习的情境性、社会互动性和主动建构。

（3）学生观：强调学生经验世界的丰富性和差异性。

（4）教学观：情境式教学、支架式教学、合作学习等教学模式。

（二）对教育的意义

（1）教学不能无视学生的经验，另起炉灶，从外部装进新知识。而是要把儿童现有的知识经验作为新知识的生长点，引导儿童从原有的知识经验中"生长"出新的知识经验。

（2）教学不是知识的传递，而是知识的处理和转换。教师不单是知识的呈现者，还应该重视学生自己对各种现象的理解，倾听他们的看法，洞察他们这些想法的由来，以此为根据，引导学生丰富或调整自己的理解。

（3）教学要增进学生之间的合作，使他们看到那些与自己不同的观点，从而促进学习的进行。

四、人本主义学习理论（单选题、材料分析题）

（一）人本主义心理学概述

人本主义心理学兴起于20世纪五六十年代的美国，由马斯洛创立，以罗杰斯为代表，被称为除行为学派和精神分析学派以外的心理学上的第三势力。人本主义与其他学派最大的不同是，人本主义特别强调人的正面本质和价值，关注人的成长和发展，并将其称为自我实现，而并非集中研究人的问题行为。

其主要理论有马斯洛提出的需要层次理论；罗杰斯提出的有意义学习和非指导性教学理论。马斯洛的理论将在后面的学习动机理论中系统论述，此处不再赘述。

（二）罗杰斯的人本主义学习论

1. 有意义的自由学习观

根据学习对于学习者的个人意义，人本主义将学习分为无意义学习和有意义学习两类。人本主义者倡导有意义的自由学习，有意义学习关注学习内容与个人之间的关系。它不仅是理解记忆的学习，而且是学习者所做出的一种自主、自觉的学习，要求学习者能够在相当大的范围内自行选择学习材料，自己安排适合于自己的学习情境。有意义学习包含四个要素：学习是学习者全身心参与的过程，整个人都要参与到学习之中，既包括认知参与，也包括情感参与；学习是学习者自我发起的，内在动力在学习中起主要作用；学习是渗透性的、促进学生全面发展的，它会使学生的行为、态度以及个性等都发生变化；学习的结果由学习者自我评价，他们知道自己想学什么和学到了什么。

2. 学生中心的教学观

人本主义的教学观是建立在其学习观的基础之上的。他认为教师的任务不是教学生学习知识（这是行为主义所重视的），也不是教学生如何学习（这是认知主义所重视的），而是为学生提供各种学习资源，提供一种促进学习的气氛，让学生自己决定如何学习。**学生中心模式又称为非指导教学模式**。在这个模式中，教师最富有意义的角色不是权威，而是"助产士""催化剂"和"促进者"。

3. 知情统一的教学目标观

罗杰斯认为，人的精神世界包括情感和认知两方面内容。教育要促进这两方面同时发展，教育的目标就是培养"全人"。在具体教学目标上，罗杰斯重过程轻内容，认为教育就是促进变化和学习，培养能够适应变化和知道如何学习的人。

章节配套练习

1. ［单选题］一名调皮的学生屡次扰乱课堂，教师请其站到教室后面，教师运用了（　　）。
   A. 正强化　　　　　　　　B. 负强化
   C. 惩罚　　　　　　　　　D. 消退

2. ［单选题］小伟为获得老师和同学的关注，在课堂上总扮鬼脸，老师和同学都对他不予理睬，于是他扮鬼脸的行为逐渐减少。这个例子体现了（　　）原理。
   A. 消退　　　　　　　　　B. 负强化
   C. 惩罚　　　　　　　　　D. 正强化

3. ［单选题］小马上课时害怕回答问题，他发现自己坐在教室后排时减少被老师提问的次数。于是，他总坐在教室后排，下列哪种强化方式导致了小马愿意坐在教室

的后排？（　　）

A. 正强化　　　　　　　　　　　B. 负强化

C. 延迟强化　　　　　　　　　　D. 替代强化

4. ［单选题］"非指导性教学"的理论基础是（　　）。

A. 行为主义心理学　　　　　　　B. 人本主义心理学

C. 认知心理学　　　　　　　　　D. 精神分析心理学

5. ［单选题］强调榜样和强化作用的学习理论是（　　）。

A. 人本主义学习理论　　　　　　B. 社会学习理论

C. 认知结构理论　　　　　　　　D. 认知同化理论

6. ［单选题］提出学习过程应始终以人为本，必须重视学习者的意愿、情感、需要等的学习观是（　　）。

A. 罗杰斯　　　　　　　　　　　B. 布鲁纳

C. 班杜拉　　　　　　　　　　　D. 斯金纳

7. ［单选题］实现有意义的接受学习的途径是（　　）。

A. 同化　　　　　　　　　　　　B. 顺应

C. 建构　　　　　　　　　　　　D. 内化

8. ［单选题］操作性条件反射的核心是（　　）。

A. 无关刺激　　　　　　　　　　B. 中性刺激

C. 无条件刺激　　　　　　　　　D. 强化

【参考答案】

1. C　2. A　3. B　4. B　5. B　6. A　7. A　8. D

第十章 学习动机

知识模块	考点细化	单选题	辨析题	简答题	材料分析题	重要程度
学习动机概述	概念	—	—	√	—	★
	功能	—	√	√	—	★
	分类	√	—	—	—	★★★
	与学习效果的关系	√	√	√	√	★★★
学习动机理论	强化理论	√	—	—	—	—
	需要层次理论	√	—	√	√	—
	成就动机理论	√	√	—	—	★★
	成败归因理论	√	—	—	√	★★
	自我效能感理论	√	—	√	√	★
学习动机的培养与激发	内部动机、外部动机	—	—	√	√	★

第一节 学习动机概述

一、学习动机的概念（简答题）

学习动机是指**激发**个体进行学习活动、**维持**已引起的学习活动，并致使行为**朝向**一定的学习目标的一种内在过程或内部心理状态。学习动机的两个基本成分是学习需要和学习期待，两者相互作用，形成了学习的动机系统。

二、学习动机的功能（单选题、简答题）

（一）激发功能

当学生对某些知识或技能产生强烈的学习动机时，这种学习动机能够唤醒学生进行学习的情绪状态，如可以产生对学习的好奇、兴奋、紧张、焦虑，甚至冲动等情绪，从而激发一定的学习行为。另外，学习动机还能够增强学生学习的准备状态，激活相关背景知识，提高学习效率。

（二）指向功能

具有某种动机的学生会给自己设定目标，并使自己的学习行为朝向这个目标。不同的学习动机会使学生做出不同的选择，设定不同的目标。

（三）维持功能

学习动机能够使学生在学习过程中，集中注意力，克服分心刺激的影响，提高努力程度和意志力。学习动机越强，在学习活动中投入的努力越大，能够主动延长学习时间，遇到困难甚至失败时坚持不懈，直至达到学习目的。

三、学习动机的分类（单选题）

（一）根据学习动机的社会意义，可分为高尚的学习动机和低级的学习动机

高尚的学习动机的核心是利他主义，其判断标准为是否有利于社会或集体。低级的学习动机的核心是利己的、自我中心的，学习动机只来源于自己眼前的利益。

（二）根据学习动机的作用与学习活动的关系，可以分为近景的直接性动机和远景的间接性动机

近景的直接性动机是与学习活动直接相连的，来源于对学习内容或学习结果的兴趣。远景的间接性动机是与学习的社会意义和个人的前途相连的（近景的直接性动机又称为暂时的直接性动机；远景的间接性动机又称为长远的间接性动机）。

（三）根据动机产生的诱因来源，分为内部学习动机和外部学习动机

内部学习动机是指诱因来自学习者本身的内在因素，即学生因对活动本身发生兴趣而产生的动机。外部学习动机是指诱因来自学习者外部的某种因素，即学习活动以外的、由外部的诱因激发出来的学习动机。

（四）根据学校情境中的学习成就动机，奥苏伯尔等人将动机分为认知内驱力、自我提高内驱力和附属内驱力

认知内驱力是指要求了解、理解和掌握知识以及解决问题的需要。在有意义学习中，认知内驱力是最重要而稳定的动机，属于内部动机。自我提高内驱力是指个体因为自己的胜任或工作能力而赢得相应地位的需要，属于外部动机。附属内驱力是为了获得长者（家长、教师等）的赞许或认可而表现出把工作做好的一种需要，属于外部动机。

四、学习动机与学习效果的关系（单选题、辨析题、简答题、材料分析题）

美国心理学家耶克斯和多德森认为，一般情况下，**中等程度**的动机水平最有利于学习

效果的提高，即动机水平与学习效果之间呈现"倒 U 型曲线"的关系。动机水平并不是越高越好，动机水平超过一定限度，学习效果反而更差。同样，动机水平过低也不利于提升学习效果。

同时，他们还发现，最佳的动机水平与作业难度密切相关：任务较容易，最佳动机水平较高；任务难度中等，最佳动机水平也适中；任务越困难，最佳动机水平越低。这便是著名的耶克斯—多德森定律（图 10-1）。

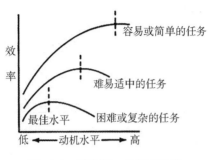

图 10-1 耶克斯—多德森定律

第二节 学习动机理论

一、强化理论（单选题）

学习动机的强化理论是由**行为主义**学习理论家提出的，他们不仅用强化来解释学习的发生，而且用它来解释动机的产生。

行为主义的学习动机理论对学校教育的影响，主要表现为强化原则，通过奖励与惩罚的措施来维持学生的学习动机。教育上广为流传的程序教学与计算机辅助教学，其教学的心理基础就是通过强化原则来维持学生的学习动机。

二、需要层次理论（单选题、简答题、材料分析题）

需要层次理论是**人本主义**心理学理论在动机领域中的体现。马斯洛认为，人的基本需要有七种，它们由低到高依次排列成一定的层次，即生理的需要、安全的需要、归属和爱的需要、尊重的需要、认知的需要、审美的需要、自我实现的需要。在人的需要层次中，最基本的是生理需要，自我实现是最高级的需要，除此之外，一般情况下，低层次的需要得到满足后，人才会产生高层次的需要。

需要层次理论说明，在某种程度上学生缺乏学习动机可能是由于某种缺失性需要没有得到充分满足而引起的。因此，教师不仅要关心学生的学习，更应该关心学生的生活和情感，以排除影响学习的一切干扰。

三、成就动机理论（单选题、辨析题）

成就动机是个体努力克服障碍、施展才能、力求又快又好解决某一问题的愿望或趋势。成就动机理论的主要代表人物是**阿特金森**。他认为，个体的成就动机可以分成两类：**一类是力求成功的动机，另一类是避免失败的动机。**

成就动机水平高的人，倾向于选择难度适中（任务难度为50%）的目标和课题。成就动机水平低的人，倾向于选择非常容易或非常困难的目标和课题。

四、成败归因理论（单选题、材料分析题）

美国心理学家**韦纳**把归因分为三个维度：内部归因和外部归因，稳定性归因和非稳定性归因，可控制归因和不可控制归因；又把人们活动成败的原因即行为责任主要归结为六个因素，即能力高低、努力程度、任务难易、运气（机遇）好坏、身心状态、外界环境等。成败归因理论见表10-2。

表10-2　成败归因理论

归因类别	是否稳定		内部还是外部		是否可控	
	稳定	不稳定	内部	外部	可控	不可控
能力	√		√			√
努力		√			√	
任务难度	√			√		√
运气		√		√		√
身心状态		√	√			√
外界环境		√		√		√

当个体总是将失败的原因归结为能力不足时，长此以往会形成习得性无助。习得性无助即个体经历了多次失败和挫折后，面对问题时产生的无能为力的心理状态和行为。

韦纳的归因理论在教育上具有重要意义。通过学习者的自我归因，教师可预测其以后的学习动机。虽然学生的自我归因未必正确，但却是非常重要的，这会对今后学生的成长与发展产生深刻影响。长期归因于能力不足，不利于学生的个性成长，这就需要教师利用反馈的作用，帮助学生正确归因，即归为努力程度的因素，从而重塑自信，引导学生健康发展。

五、自我效能感理论（单选题、简答题、材料分析题）

自我效能感理论由**班杜拉**首次提出。自我效能感指人们对自己是否能够成功地从事某一成就行为的主观判断。班杜拉认为人的行为受行为的结果因素与先行因素的影响。

（1）行为的结果因素就是通常所说的强化，并把强化分为三种：一是直接强化；二是替代性强化；三是自我强化。

（2）行为的先行因素：人在认识到行为与强化之间的依随关系之后产生的对下一步强化的期待。该期待包括结果期待和效能期待（自我效能感）。

①结果期待：人对自己的某一行为会导致某一结果（强化）的推测。

②效能期待：人对自己能够进行某一行为的实施能力的推测或判断，它意味着人是否确信自己能够成功地进行带来某一结果的行为。

（3）班杜拉更重视效能期待。自我效能感的影响因素主要有以下几种：

①个人自身行为的成败体验，即直接性经验。这是个人的亲身体验，对自我效能感影响最大。一般来说，成功经验会提高效能期望，反复的失败会降低效能期望。

②替代性经验。当学生看见替代者（与自己相似的人）成功时，就会增强自我效能感；相反，则会降低自我效能感。学习者与替代者之间越相似，替代者成败的经验就越具有说服力。

③言语劝说。用语言说服学生相信自己具有完成给定任务的能力，会使学生在遇到困难时付出更大的努力。

④情绪唤醒。通过调整学生的情绪状态，减轻紧张和负面的情绪，可以提升其自我效能感。通常，人们在获得了相应的知识与技能、确立了合理的学习目标之后，自我效能感就成了学习行为的决定因素。

（4）自我效能感作为个体内在的一种重要认知活动和情绪感受，对个体的行为起着重要的作用。班杜拉等人研究总结出自我效能感四个方面的作用：

①决定人们对活动的选择，以及对活动的坚持性。自我效能感高者倾向于选择富有挑战性的任务，在困难面前能坚持自己的行为；而自我效能感低者则会选择较容易的任务，或者逃避选择。

②影响人在困难面前的态度。自我效能感高的人敢于面对困难，坚信只要不断努力，困难是会克服的；而自我效能感低的人在困难面前缩手缩脚，不敢尝试。

③影响新行为的获得和习得行为的表现。自我效能感高的人能够高效地获得新行为，并自如地表现所习得的行为；而自我效能感低的人则相反。

④影响活动时的情绪。自我效能感高的人活动时信心十足，情绪饱满；而自我效能感低的人则充满着恐惧和焦虑。

第三节　学习动机的培养与激发

一、内部学习动机的培养和激发（简答题、材料分析题）

（一）激发兴趣，维持好奇心

兴趣和好奇心是内部动机最为核心的成分，是培养和激发学生内部学习动机的基础。

创设问题情境是激发学生的求知欲和好奇心的一种十分有效的方法。

（二）设置合适的目标

目标由个体自己设定而不由他人设定时，个体通常会付出更多的努力。在设定目标时，教师可以与学生讨论，帮助学生设定一个既有挑战性又现实的目标，并表扬学生对目标的设定及其实现。

（三）培养恰当的自我效能感

在学习中，教师可以通过为学生选择难易合适的任务，让学生不断获得成功体验，从而不断提高学生的自我效能感。

（四）训练归因

改变学生不正确的归因、提高学习动机可以从以下两方面入手：

第一方面，"努力归因"，即无论成功或失败都归因于努力与否。

第二方面，"现实归因"，即针对一些具体问题，引导学生进行现实归因，是学习方法还是家庭环境、教师等因素，并尽力指出解决这些问题的方法。

二、外部学习动机的培养和激发（简答题、材料分析题）

（一）表达明确的期望

学生需要清楚了解自己应该做什么，将如何被评价，以及成功之后会有什么收获。

（二）提供明确、及时且经常性的反馈

反馈要具体明确，且必须使反馈紧随个体的学习结果，同时，要经常性地给予反馈。

（三）合理运用外部奖励

外部奖励是指物质上的奖励。学生的课堂学习动机既有认知的内驱力，又有自我提高的内驱力和附属的内驱力。对学生的学习行为和学习结果给予外部的物质奖励能有效促进其学习，但要注意运用得当。

（四）有效地运用表扬

表扬在课堂教学中的作用主要是强化学生适当的行为，对他们所表现出的期望行为提供反馈。教师对学生的肯定评价具有积极的强化作用，能鼓励学生产生再接再厉、积极向上的力量。

章节配套练习

1. ［单选题］学习动机能够促使个体产生学习行为，表明学习动机具有（　　）。

　　A. 激发功能　　　　　　　　　　B. 指向功能

　　C. 维持功能　　　　　　　　　　D. 调节功能

2. [单选题] 根据耶克斯—多德森定律，学生解决困难和复杂的任务时，哪种动机水平最有利？（   ）

    A. 中等偏下水平　　　　　　　　B. 中等水平

    C. 中等偏上水平　　　　　　　　D. 高水平

3. [单选题] 初一学生许明努力学习就是想获得亲朋好友的赞扬。根据奥苏伯尔的相关理论，驱动许明行为的是（   ）。

    A. 认知内驱力　　　　　　　　　B. 附属内驱力

    C. 自我提高内驱力　　　　　　　D. 成就内驱力

4. [单选题] 在归因训练中，教师要求学生尽量尝试努力归因以增强他们的自信心。归因理论中，努力属于（   ）。

    A. 内部、不稳定、可控因素　　　B. 内部、不稳定、不可控因素

    C. 内部、稳定、可控因素　　　　D. 内部、稳定、不可控因素

5. [单选题] 内在动力是最重要和最稳定的学习动力，下列属于内在动力的是（   ）。

    A. 学习是为了得到玩具的奖励　　B. 害怕考试不好会受惩罚

    C. 教师、家长的期待　　　　　　D. 学习获得的成就感

6. [单选题] 在运动会的跳高比赛中，王明看到前面的同学都没有跳过设定的高度，便认为自己也跳不过，后来轮到他挑战时，果然没有跳过。案例中王明的自我效能感的建立主要受到（   ）的影响。

    A. 学习成功与失败的经验　　　　B. 替代性经验

    C. 言语劝说　　　　　　　　　　D. 情绪唤醒

7. [单选题] 良好师生关系和同学关系能满足（   ）。

    A. 生理需要　　　　　　　　　　B. 认知需要

    C. 归属与爱的需要　　　　　　　D. 审美需要

8. [单选题] 阿特金森对成就动机的研究表明，力求成功者与避免失败者相比，更倾向于选择（   ）。

    A. 比较难的任务　　　　　　　　B. 非常难的任务

    C. 非常容易的任务　　　　　　　D. 难度适中的任务

【参考答案】

1. A　2. A　3. B　4. A　5. D　6. B　7. C　8. D

第十一章　学习迁移

知识模块	考点细化	单选题	辨析题	简答题	材料分析题	重要程度
学习迁移概述	概念	√	—	—	—	—
	分类	√	√	—	√	★★★
学习迁移的基本理论	形式训练说	√	—	—	—	—
	共同要素说	√	—	—	√	—
	经验类化理论	—	—	√	√	★★
	关系转换理论	√	—	—	√	—
	认知结构迁移理论	√	—	—	—	—
迁移与教学	影响学习迁移的因素	—	√	—	√	★★
	促进迁移的教学	—	—	—	√	★★

第一节　学习迁移概述

一、学习迁移的概念（单选题）

学习迁移是指一种学习对另一种学习的影响。学习活动总是建立在已有的知识经验之上。这种利用已有的知识经验不断地获得新的知识和技能的过程，就是学习的迁移。

二、学习迁移的分类（单选题、辨析题、材料分析题）

（一）正迁移和负迁移

根据**性质**，可以把学习迁移分为正迁移和负迁移。一种学习对另一种学习产生积极的影响叫正迁移，也就是使两种学习之间相互促进。一种学习对另一种学习产生消极的影响叫负迁移，即两种学习之间相互干扰。

（二）顺向迁移和逆向迁移

根据**发生的前后顺序**，又可把学习迁移分为顺向迁移和逆向迁移。先前的学习对后继学习的影响是顺向迁移；后继学习对先前学习的影响是逆向迁移。不论是顺向迁移还是逆向迁移，都有正负之分。

（三）垂直迁移和水平迁移

根据**发生的概括水平**，可以把学习迁移分为垂直迁移（纵向迁移）和水平迁移（横向迁移）。垂直迁移，又称纵向迁移，指处于不同概括水平的两种学习之间的相互影响。水平迁移，又称横向迁移，指处于同一概括水平的经验之间的相互影响。

（四）一般迁移和具体迁移

根据**内容**，可以把学习迁移分为一般迁移和具体迁移。

一般迁移：也称非特殊迁移，是指在一种学习中所习得的一般原理、原则和态度对另一种具体内容学习的影响，即将原理、原则和态度具体化，运用到具体的事例中。

具体迁移：也称特殊迁移，是指学习迁移发生时，学习者原有的经验组成要素及其结构没有变化，只是将一种学习中习得的经验要素重新组合并移用到另一种学习中。

（五）同化性迁移、顺应性迁移和重组性迁移

根据迁移过程中**所需的内在心理机制**的不同，分为同化性迁移、顺应性迁移和重组性迁移。

同化性迁移：指不改变原有的认知结构，直接将原有的认知经验应用到本质特征相同的一类事物中去。原有结构在迁移过程中不发生实质性的改变，只是得到某种充实，如"举一反三、闻一知十"等都属于同化性迁移。

顺应性迁移：指在将原有的认知经验应用于新情境中时，需调整原有的经验对新旧经验加以概括，形成一种能包容新旧经验的更高一级的认知结构，以适应外界的变化。

重组性迁移：指重新组合原有认知系统中某些构成要素或成分，调整各成分间的关系或建立新的联系，从而应用于新情境。在重组过程中，基本经验成分不变，但各成分间的结合关系发生了变化，即进行了调整或重新组合。

第二节 学习迁移的基本理论

一、形式训练说（单选题）

形式训练说是**最早**的关于迁移的理论。其把迁移视为通过对组成"心智"的各种官能（注意、意志、记忆、知觉、想象等）分别进行训练来实现的，如记忆官能通过训练而提高，得到训练的官能自动迁移到活动中。形式训练说认为迁移是无条件的、自动的。由于形式训练说缺乏科学的依据，引起了一些研究者的怀疑和反对。

二、共同要素说（单选题、材料分析题）

代表人物：桑代克、伍德沃斯等。

实验：图形面积的估算。

1903 年，美国杰出的教育心理学家桑代克以大学生为实验对象，首先训练大学生对平行四边形的面积进行估计，然后对他们进行两种实验。结果表明，被试对矩形面积的判断成绩提高了，但对三角形、圆形和不规则图形的判断成绩并没有提高。据此，桑代克认为，在学习中训练某一官能未必能使它的所有方面都得到改善。他认为只有当两种学习之间具有相同因素时，才会发生迁移。

观点：只有当学习情境和迁移情境存在共同成分时，一种学习才能影响另一种学习，即产生学习迁移。情境越相似，迁移越大。随后，相同要素被改为共同要素，即认为在两种情境中有共同成分时可以产生迁移，因此迁移是非常具体的，并且是有条件的，需要共同的要素。

三、经验类化理论（简答题、材料分析题）

代表人物：贾德。

实验："水下打靶"的实验，该实验是概括化理论的经典实验。

贾德做过一个著名的水中打靶实验，他把一定数量的十一二岁的小学高年级学生分成 A、B 两组，练习水下打靶。A 组先被教授光在水中的折射原理而后进行练习；B 组则只进行练习、尝试，而不被教授原理。当他们达到相同的训练成绩后，增加水中目标的深度。结果在继续打靶时，学过原理的一组的练习成绩明显优于未学过原理的一组。贾德认为，这是因为学过原理的一组已经把折射原理概括化，从而对不同深度的靶子都能很快作出调整和适应，把所学原理运用到不同深度的特殊情境中去。

观点：两种学习活动之间存在共同要素是知识产生迁移的必要条件，而迁移产生的关键是学习者在两种活动中通过概括形成了能够泛化的共同原理。

四、关系转换理论（单选题）

代表人物：格式塔学派。

实验：小鸡觅食。

苛勒让小鸡在深、浅不同的两种灰色的纸下面寻找食物。通过条件反射练习，小鸡学会了只有到深灰色纸下面才能获得食物奖赏。然后，变换实验情境，保留原来的深灰色纸，用黑色纸取代浅灰色纸。现在的问题是：如果小鸡仍然到深灰色纸下面寻找食物，那就证明迁移是由于相同要素的作用；如果小鸡到两张纸中颜色更深的那张（即黑色纸）下面寻找食物，那就证明迁移是对关系做出的反应。实验表明小鸡对新刺激（黑色纸）的反应为 70%，对原来的阳性刺激（深灰色纸）的反应为 30%；儿童在做同样的实验时始终对黑色纸的刺激做出反应。

观点：学习迁移的重点不在于掌握原理，而在于理解各个要素之间形成的整体关系，

【例】小鸡和儿童理解了一层关系，即食物总是在颜色更深的盒子里。同时，苛勒认为"顿悟"两种学习情境中原理和原则之间的关系（特别是手段和目的之间的关系）是实现迁移的根本条件。

五、认知结构迁移理论（单选题）

美国教育心理学家奥苏伯尔曾提出认知结构迁移理论，他把迁移放在学习者的整个认知结构的背景下进行研究，在认知结构的基础上提出了关于迁移的理论和见解。认知结构迁移理论指出，学生学习新知识时，认知结构可利用性高、可辨别性大、稳定性强，就能促进学习者对新知识学习的迁移。

第三节　迁移与教学

一、影响学习迁移的因素（辨析题、材料分析题）

（一）学习情境的相似性

学习情境的相似性包括学习材料、学习情境、学习结果、学习过程、学习目标等方面，也可以包括态度、情感等方面。

（二）学习材料的性质

如果两种学习材料本身彼此相似，使学习者很容易对相似的刺激做出同样的反应，有助于迁移的发生。

（三）学习活动的多样性

学习者在学习中采用的方法或感受到的刺激越多样，就越有助于该学习的迁移。反之，刺激越单一呆板，就越难以产生迁移作用。因为原学习活动中刺激的多样性能够增加它与新学习之间相似或相关的可能。

（四）原学习的熟练和理解程度

熟练的学习是迁移发生的重要条件。所谓"熟能生巧"便是如此。

死记的知识难以获得正迁移。正迁移需要对原理或原则完全理解，能运用自如、触类旁通。一知半解的学习，反而可能引起负迁移作用，进而影响其他学习的速度或正确性。

（五）年龄特征

学习材料如果超越儿童的认知能力，纵使他们能"依样画葫芦"，由于他们缺乏学习的概括能力，正迁移作用也难以产生。所以，年龄也是影响学习迁移的重要因素。

（六）智力水平

多数心理学家认为，智力较高的学生，较能发现两者间的关系，较能应用先前的学习于后来的学习中。虽然智力影响迁移，但是"勤能补拙"。

二、促进学习迁移的教学（材料分析题）

（一）精选教材

要想使学生在有限的时间内掌握大量有用的知识，教学内容就必须精选。教师应选择那些具有广泛迁移价值的科学成果作为教材的基本内容，而每一门学科中的基本知识（如基本概念、基本原理）、技能和行为规范具有广泛的适应性，其迁移价值也比较大。

（二）合理编排教学内容

精选的教材只有通过合理的编排才能充分发挥其迁移的效能，否则迁移效果小，甚至阻碍迁移的产生。

（三）合理安排教学程序

编排合理的教学内容是通过合理的教学程序得以体现、实施的，教学程序是使有效的教材发挥功效的最直接的环节。无论是宏观的整体教学规划还是微观的每一节课的教学活动，都应体现迁移规律。先教什么、学什么，后教什么、学什么，处理好这种教学与学习的先后次序是非常必要的。

（四）教授学习策略，提高迁移的意识性

"授之以鱼，不如授之以渔。"这意味着仅教给学生组织良好的信息是不够的，还必须使学生了解在什么条件下迁移所学的内容、迁移的有效性如何，等等。掌握必要的学习策略及其元认知策略是促进学习迁移的有效手段。

章节配套练习

1. ［单选题］刘杰学过物理平衡的概念，促进了他对化学平衡概念的理解。这种迁移属于（　　）。

   A. 负向迁移　　　　　　　　B. 顺向迁移

   C. 垂直迁移　　　　　　　　D. 逆向迁移

2. ［单选题］小军由于"锐角三角形"知识掌握不好而影响了"钝角三角形"知识的掌握，这种现象属于（　　）。

   A. 纵向迁移　　　　　　　　B. 横向迁移

   C. 顺应迁移　　　　　　　　D. 重组迁移

3. [单选题] 学习了三角形和长方形的面积公式之后，再学习梯形的面积公式就比较顺利。这种迁移属于（　　　）。

A. 零迁移　　　　　　　　　　B. 逆向迁移

C. 负迁移　　　　　　　　　　D. 正迁移

4. [单选题] 在考取研究生或者考取公务员过程中形成的认真的学习态度、方法、思维，都会影响你在生活或工作中学习的态度、方法和思维。这种学习的迁移称为（　　　）。

A. 一般迁移　　　　　　　　　B. 具体迁移

C. 顺向迁移　　　　　　　　　D. 逆向迁移

5. [单选题] 从迁移的观点来看，"温故而知新"属于（　　　）。

A. 顺向负迁移　　　　　　　　B. 逆向负迁移

C. 逆向正迁移　　　　　　　　D. 顺向正迁移

6. [单选题] 学过高等数学的知识后，利于对初等数学知识的理解和掌握，这属于知识的（　　　）。

A. 顺向正迁移　　　　　　　　B. 顺向负迁移

C. 逆向正迁移　　　　　　　　D. 逆向负迁移

7. [单选题] 学生学会写"木"字，有助于写"森"字，这种迁移是（　　　）。

A. 顺向迁移　　　　　　　　　B. 一般迁移

C. 垂直迁移　　　　　　　　　D. 具体迁移

8. [单选题] 贾德的"水下打靶"实验说明（　　　）。

A. 掌握知识是次要的，训练官能才是最重要的

B. 两种情景相同的要素越多，迁移的程度越高

C. 概括化原理掌握得越好，迁移的效果越好

D. 迁移取决于对各要素间整体关系的理解

9. [单选题] 训练学生估计不同大小长方形的面积，一段时间后，测试结果发现学生估计长方形面积的能力提高，而估计圆形面积的能力并未提高。这个实验可以支持（　　　）。

A. 形式训练说　　　　　　　　B. 相同要素说

C. 概括化理论　　　　　　　　D. 关系转换理论

【参考答案】

1. B　2. B　3. D　　4. A　5. D　6. C　7. D　8. C　9. B

第十二章　学习策略

知识模块	考点细化	单选题	辨析题	简答题	材料分析题	重要程度
概述	概念	√	—	—	—	—
典型的学习策略	认知策略	√	—	—	—	★★★
	元认知策略	√	—	√	—	★★★
	资源管理策略	√	—	—	—	—

第一节　学习策略概述

学习策略的概念（单选题）

学习策略是指学习者在学习活动中，为了达到有效的学习目的而采用的规则、方法、技巧及其调控方法的综合。它能够根据学习情境的各种变量、变量间的关系及其变化，对学习活动和学习方法的选择与使用进行调控。它既可以是内隐的规则系统，也可以是外显的操作程序与步骤。

第二节　典型的学习策略

一般来讲，学习策略可分为**认知策略、元认知策略和资源管理策略**三种。认知策略是信息加工的策略；元认知策略是对信息加工过程进行调控的策略；资源管理策略是辅助学生管理可用的环境和资源的策略，对学生的动机具有重要的作用。

一、认知策略（单选题）

认知策略是学习者对信息进行加工的方法和技术。其基本功能有两个方面：一是对信息进行有效的加工与整理，二是对信息进行分门别类的系统储存。认知策略包括复述策略、精加工策略和组织策略。

（一）复述策略

复述策略是指在工作记忆中为了保存信息，运用内部语言在大脑中重现学习材料或刺激，以便将注意力维持在学习材料上的学习策略。它是短时记忆的信息进入长时记忆的关键。常用的复述策略有：

（1）利用随意识记或有意识记。

（2）多种感官参与。

（3）复习形式多样化。

（4）画线强调。

（5）排除相互干扰。

（6）整体识记与分段识记。

（7）过度学习。

（二）精加工策略

精加工策略是指把新信息与头脑中的旧信息联系起来，从而增加新信息意义的深层加工策略。它常被描述成一种理解记忆的策略，其要旨在于建立信息间的联系。联系越多，能回忆出信息原貌的途径即提取的线索也就越多。精加工越深入、细致，回忆也就越容易。

1. 记忆术。

通过把那些枯燥乏味但又必须记住的信息"牵强附会"地赋予意义，使记忆过程变得生动有趣，从而提高学习记忆的效果。常用的记忆术主要有：

（1）形象联想法。这种方法是通过人为联想，使无意义的、难记的材料和头脑中的鲜明奇特的形象相结合，从而提高记忆效果。想象的形象越鲜明越具体越好，形象越夸张、奇特越好，形象之间的逻辑联系越紧密越好。

（2）谐音联想法。这种方法是通过谐音线索，运用视觉表象，假借意义进行联想。

（3）首字连词法。这种方法是利用每个词语的第一个字形成缩写，或者用一系列词描述某个过程的每个步骤，然后将这一系列词提取首字作为记忆的支撑点。

（4）位置记忆法。这是一种传统的记忆术，最早被古希腊演说家使用。它是通过与熟悉的地点顺序相联系来记忆一些名称或者客体顺序的方法。位置记忆法对记忆有顺序的系列项目特别有效。

（5）关键词法。就是将新词或概念与相似的声音线索词，通过视觉表象联系起来。

2. 做笔记。

做笔记策略是使用较为普遍的精加工策略。俗话说，好记性不如烂笔头。对于复杂的知识，教师可以指导学生做笔记。做笔记不仅可以有效地控制自己的认知加工过程，而且有助于概括新的知识和建立新旧知识之间的联系，有利于保持学习者的注意和兴趣，有助于学习者有效地组织材料。

3. 提问。

无论阅读还是听讲，学生要经常评估自己的理解状态，思考这样一些问题：这些新信息意味着什么，与课文中的其他信息以及以前所学的信息有什么联系等。

4. 生成性学习。

生成性学习就是要训练学生对所阅读的东西产生一个**类比或表象**，如图形、图像、表格和图解等，以加强其深层理解。这种方法最重要的一点就是需要积极的加工，不是简单的记录和记忆信息，也不是从书中寻章摘句或稍加改动，而是要改变对这些信息的知觉。在教学中，教师要指导学生拟写课文中没有的、与课文中某些重要信息相关的或用自己的话组成的句子，从而把所学的信息和自身的知识经验联系起来。

5. 运用背景知识，联系客观实际。

对于意义性较强的学习材料则可以通过新知识与旧知识之间的连接，用头脑中已有的图式使新信息合理化。若要充分利用背景知识，就应注意在对新材料理解的基础上进行学习，适时建立类比，而不是进行机械记忆式学习。另外，也可以利用先行组织者策略，在新材料学习之前，温习与新材料有关的已有的背景知识，这样做便于理解和记忆新知识。

（三）组织策略

组织策略是整合所学新知识之间、新旧知识之间的内在联系，从而形成新的知识结构的策略。组织策略主要有两种：一种是归类策略，用于概念、语词、规则等知识的归类整理；另一种是纲要策略，主要用于对学习材料结构的把握。

1. 归类策略。

归类是指把材料分成不同单元，再对这些单元进行归类处理。归类策略的应用能使人厘清头绪，各知识点与概念之间不致混淆，方便知识的理解、记忆以及提取。

2. 纲要策略。

纲要策略也称提纲挈领，是掌握学习材料纲目的方法。纲要可以是用词语或句子表达的主题纲要，也可以是用符号、图式等形象表达的符号纲要。

（1）主题纲要法。主题通常是学习材料的各级标题，有时也需要自己进行提炼。罗列提纲时，要先对材料进行系统分析、归纳和总结，然后按材料的逻辑关系，以简要的词语写下主要与次要的观点，也就是以金字塔的形式呈现教材的要点，每一个具体的细节都包含在高一级的类别中。

（2）符号纲要法。符号纲要法是采用图解的方式体现知识的结构，即绘制关系图。它比主题纲要法更直观形象，同时，要求学习者对符号要相当熟悉。在绘制关系图时，应先识别主要知识点，然后建立这些知识点之间的关系，再用适当的图解来标明这些知识点之间的内在联系。符号纲要法主要有层次网络和流程图两种形式。

二、元认知策略（单选题、简答题）

（一）元认知

元认知是对认知的认知，即个体对认知活动的自我意识与调节，主要包括**元认知知识和元认知监控**。元认知知识是个体关于自己或他人的认识活动、过程、结果以及与之有关的知识，即知道做什么，它包括三个方面的内容：关于人的知识、关于任务的知识和关于策略的知识。元认知监控是指个体在认知活动中，对自己的认知活动进行积极监控和相应的调节，以达到预定目标，即知道何时做、如何做。

（二）元认知策略

学习的元认知策略是指学生对自己整个学习过程的有效监视及控制的策略。元认知策略大致可分为以下三种：

1. 计划策略。

计划策略是指根据认知活动的特定目标，在认知活动开始之前计划完成任务所涉及的各种活动、预计结果、选择策略，设想解决问题的方法，并预估其有效性，等等。元认知计划策略包括设置学习目标、浏览阅读材料、设置思考题以及分析如何完成学习任务，等等。

2. 监控策略。

监控策略是指在认知过程中，根据认知目标及时评价、反馈自己认知活动的结果与不足，正确估计自己达到认知目标的程度、水平；根据有效性标准评价各种认知行动、策略的效果。包括阅读时对注意加以跟踪、对材料进行自我提问、在考试时监控做题速度和时间。

3. 调节策略。

调节策略是指根据对认知活动结果的检查，如发现问题，则采取相应的补救措施；根据对认知策略效果的检查，及时修正、调整认知策略。

三、资源管理策略（单选题）

资源管理策略是辅助学生管理可用环境和资源的策略，包括**时间管理策略、学习环境管理策略、努力管理策略和学业求助（或资源利用）策略**。其中，学习环境管理主要是善于选择安静、干扰较小的地方学习，充分利用学习情境的相似性，等等。努力管理策略主要是指掌握一些方法来排除学习干扰，使自己的精力有效集中在学习任务上；学业求助策略是指当学生在学习上遇到困难时，可以向他人求助或是求助于工具书等学习资料。

章节配套练习

1. [单选题] 地理老师教学生记忆"乞力马扎罗山"时，为方便学生记忆，将之戏称为"骑着马打着锣"。这种学习策略属于（　　）。

　　A. 复述策略　　　　　　　　　　B. 精加工策略

　　C. 组织策略　　　　　　　　　　D. 元认知策略

2. [单选题] 晓春上课时把老师的讲解内容用自己的语言写在课本上，以促进对知识的理解。晓春采取的学习策略是（　　）。

　　A. 复述策略　　　　　　　　　　B. 组织策略

　　C. 计划策略　　　　　　　　　　D. 精加工策略

3. ［单选题］在学习遇到困难时向他人求助，这种策略属于（　　）。

    A. 认知策略   B. 精加工策略

    C. 元认知策略   D. 资源管理策略

4. ［单选题］为了提高期末复习的效率，小会把讲义中的重点用波浪线划出来，根据学习策略分类，属于（　　）。

    A. 复述策略   B. 精加工策略

    C. 组织策略   D. 计划策略

5. ［单选题］在复杂的语文学习中，说出文章的大意、用自己的话做笔记、总结、建立类比的学习策略是（　　）。

    A. 复述策略   B. 计划策略

    C. 精加工策略   D. 组织策略

6. ［单选题］谢老师在讲课时，采用在黑板上画网络图的方法使学生清晰地知觉课文的内在逻辑关系，这属于学习策略中的（　　）。

    A. 精加工策略   B. 组织策略

    C. 调节策略   D. 计划策略

7. ［单选题］王明在学习中有自己的学习策略，他经常在测验时遇到难题就跳过去先做简单的题。王明的这种策略属于（　　）。

    A. 计划策略   B. 调节策略

    C. 监控策略   D. 精加工策略

8. ［单选题］晓杰在阅读课文时，常常自我提问："我对课文表达的内容清楚了吗？我抓住了课文的重点了吗？"这种学习策略属于（　　）。

    A. 复述策略   B. 组织策略

    C. 计划策略   D. 监控策略

【参考答案】

1. B 2. D 3. D 4. A 5. C 6. B 7. B 8. D

第十三章 知识与技能

知识模块	考点细化	单选题	辨析题	简答题	材料分析题	重要程度
知识的学习	概述	√	—	—	—	★
	学习过程	√	—	√	—	★★
技能的学习	概述	√	—	—	—	—
	操作技能的形成	√	—	√	√	★★

第一节 知识的学习

一、知识概述（单选题）

（一）知识的含义及分类

从心理学的观点看，知识是个体头脑中的一种内部状态，有广义和狭义之分。广义的知识是指主体通过与环境相互作用而获得的信息及其组织。狭义的知识通常是指存在于语言文字符号或言语活动中的信息，如各门学科中的基本事实、概念、共识和原理等。

（二）知识学习的类型

1. 根据存在形式和复杂程度，知识学习可分为符号学习、概念学习和命题学习

（1）符号学习。

符号学习又称表征学习，是指学习单个符号或一组符号的意义。符号学习的心理机制是符号和它们所代表的事物或观念在学习者认知结构中建立相应的等值关系。如新生儿将"狗"这个文字符号与其所代表的狗的形象建立对应关系的学习过程。

（2）概念学习。

概念学习是指掌握概念的一般意义，其实质是掌握一类事物的共同的本质属性和关键特征。同类事物的关键特征既可由学习者从大量同类事物的不同例证中独立发现，也可由指导者用下定义的方式直接呈现给学习者，让其利用已掌握概念来理解。

（3）命题学习。

命题学习是指获得由几个概念构成的命题的复合意义，实际上是学习表示若干概念之间关系的判断。命题是知识的最小单元，它既可以陈述简单的事实，也可以陈述一般规则、原理、定律、公式等，因此它被视为陈述性知识掌握的高级形式。

2. 根据新知识与原有认知结构的关系，知识学习可分为下位学习、上位学习和并列结合学习

（1）下位学习。

下位学习又称类属学习，是一种把新的观念归属于认知结构中原有观念的某一部分，并使之相互联系的过程。原有观念在包容和概括水平上高于新学习的知识。下位学习包括派生类属学习和相关类属学习。派生类学习指的新观念是认知结构中原有观念的特例或例证，新知识只是旧知识的派生物。这种学习比较简单，只需经过具体化过程即可完成。当新知识扩展、修饰或限定学生已有的旧知识，并使其精确化时，便产生了相关类属学习。派生类属学习和相关类属学习的主要区别在于学习之后原有观念是否发生本质属性的改变。

（2）上位学习。

上位学习又称总括学习，是在学生掌握一个比认知结构中原有概念的概括和包容程度更高的概念或命题时产生的。上位学习遵循从由具体到一般的归纳概括过程。

（3）并列结合学习。

并列结合学习是在新命题与认知结构中特有的命题既非下位关系又非上位关系，而是一种并列的关系时产生的。一般而言，并列结合学习比较困难，必须认真比较新旧知识之间的联系与区别才能掌握。

3. 根据表征形式，知识可分为陈述性知识和程序性知识

知识表征是指信息在人脑中的存储和呈现方式，它是个体知识学习的关键。不同知识类型在头脑中具有不同的表征方式。安德森根据知识的不同表征形式，将知识分为陈述性知识和程序性知识两种。

（1）陈述性知识。

陈述性知识也叫描述性知识，是个人能用言语进行直接陈述的知识，主要用于区别和辨别事物，即关于"是什么"的知识。陈述性知识主要以命题和命题网络的形式进行表征。

（2）程序性知识。

程序性知识即操作性知识，是一种经过学习后自动化了的关于行为步骤的知识，表现在信息转换活动中进行具体操作，即关于"怎么做"的知识。

一个大的知识单元中既有陈述性知识，也有程序性知识，许多心理学家用图式描述这种大块知识的表征。

二、知识学习的过程（单选题、简答题）

知识学习主要是学生对知识的内在加工过程。这一过程包括**知识的获得、知识的保持和知识的提取**三个阶段。

（一）知识的获得

知识的获得是知识学习的第一个阶段。这是通过**知识直观**和**知识概括**两个环节来实现的。

（1）知识直观分为模象直观、实物直观和言语直观三种形式。

①模像直观

模像直观是指通过模拟形象来进行的知识学习，如通过观察和演示各种图片、图表、模型、幻灯片和教学电影等。

②实物直观

实物直观是指观察各种实物、演示各种实验、到工厂或农村进行实地参观访问的知识学习。

③言语直观

言语直观是指通过形象化的语言来进行的知识学习，如阅读文艺作品等。

（2）知识概括是指主体通过对感性材料的分析、综合、比较、抽象、概括等深度加工改造，从而获得对一类事物的本质特征和内在联系的、抽象的、一般的、理性的认识的过程。概括根据抽象程度不同分为两种类型，分别是感性概括和理性概括。有效进行概括需要做到以下几点：

①配合运用正例和反例

正例又称肯定例证，是指包含着概念或规则的本质特征和内在联系的例证。反例又称否定例证，是指小包含或只包含了一小部分概念或规则的主要属性和关键特征的例证。正例反例的利用有助于学生形成对概念的清晰理解。

②正确运用变式

所谓变式，就是用不同形式的直观材料或事例说明事物的本质属性，即变换同类事物的非本质特征，以利于突出本质特征。

③科学地进行比较

在分析综合的基础上确定事物之间的共同点和差异点，从而使学生辨别相似知识点，增强对知识的理解。

④启发学生进行自觉概括

为了促进知识的获得，在实际的教学情境中，教师应该启发学生去进行自觉概括，鼓励学生自己去总结原理、原则，尽量避免一开始就要求学生记忆或背诵。

（二）知识的保持

知识的保持，即个体通过识记、保持等方式巩固已经理解的知识点，使知识长久地保存下来。

（三）知识的提取

知识的提取也称为知识的应用，即个体应用这些知识来解决实际问题，使所学知识产生广泛迁移。

第二节　技能的学习

一、技能概述（单选题）

（一）技能的含义

技能是指个体运用已有知识经验，**通过练习而形成的合乎法则的活动方式**。技能具有如下特点：

（1）技能是通过学习或练习形成的，不同于本能行为。

（2）技能是一种活动方式，区别于程序性知识。

（3）技能是合乎法则的活动方式，不同于一般的随意运动。

（二）技能的种类

按其**本身的性质和特点**，可将技能分为**操作技能和心智技能**。

二、操作技能的形成（单选题、简答题、材料分析题）

（一）操作技能的含义及特点

操作技能也称动作技能或运动技能，是在练习的基础上，有一系列的外部动作以合理的程序组成的操作活动方式，如吹、拉、弹、唱等。操作技能的特征包括动作对象的物质性、动作进行的外显性、动作结构的展开性。

（二）操作技能的形成阶段

1. 操作定向

操作技能表现为一系列的操作活动。在形成之初，学习者必须了解与做什么、怎么做相关的信息与要求，形成对动作的初步认识。操作定向就是了解操作活动的结构与要求，在头脑中建立起操作活动的定向映象的过程。

2. 操作模仿

个体在定向阶段了解一些基本的动作机制之后，就会尝试做出某种动作。操作的模仿即实际再现出特定的动作方式或行为模式。其实质是将头脑中形成的定向映象以外显的实际动作表现出来。只有模仿，才能使这一映象得到检验、巩固与充实。操作模仿是掌握操作技能的开端，需要以认知为基础。

3. 操作整合

操作整合即把模仿阶段习得的动作固定下来，并使各动作成分相互结合，成为定型的、一体化的动作。只有通过整合，各动作成分之间才能协调联系，动作结构才趋于合理，动作的初步概括化才得以实现。整合是操作技能形成过程中的**关键环节**，是从模仿到熟练的一个过渡阶段，也为熟练的活动方式的形成打下基础。

4．操作熟练

操作熟练指所形成的动作方式对各种变化的条件具有高度的适应性，动作的执行达到高度的程序化、自动化和完善化。自动化并非无意识，而是指它的执行过程不需要意识的高度控制，可以将注意力分配给其他活动。动作的熟练是操作技能掌握的高级阶段，是由操作活动方式的概括化、系统化而实现的，操作熟练是操作技能形成中的一个重要阶段，也是由操作技能转化为能力的**关键环节**。

（三） 操作技能的培养

1．准确的示范与讲解

（1）掌握相关的知识。

（2）明确练习目的和要求。

（3）形成正确的动作映象。

（4）获得一定的学习策略。

2．必要而适当的练习

练习是操作技能形成的具体途径。练习是指以形成某种技能为目的的学习活动，是以掌握一定的动作方式为目标而进行的反复操作过程。练习的主要作用是促使技能的进步与完善。

（1）练习与技能进步的关系。

练习对技能进步有促进作用。一般来讲，随着练习次数的增加，操作活动速度会加快，准确性提高。操作技能在练习初期进步较快，之后逐渐减慢，但也存在成绩进步先慢后快或在练习中一直均匀发展的情况。

（2）高原现象。

练习中有时也会出现某一时期练习成绩不随练习次数增多而提高的停滞现象。通常把学生在学习过程中出现一段时间的学习成绩和学习效率停滞不前，甚至学过的知识感觉模糊的现象，称为**高原现象**。高原现象一般在练习中期出现，通常被认为是由于学习方法固定化、学习任务复杂化、学习动机减弱、兴趣降低、心理上和生理上的疲劳、意志品质不够顽强等原因造成的。如果学生能够调整好自己的心态，正确认识自我及现状，并采取一些改进学习方法的措施，消除消极因素的干扰，就能顺利渡过"高原期"，学习成绩也会有所提高。

3．充分而有效的反馈

一般来讲，反馈来自两个方面，一方面是内部反馈，即操作者自身的感觉系统提供的感觉反馈；另一方面是外部反馈，即操作者自身以外的人和事给予的反馈，有时也称结果知识。反馈在操作技能学习过程中的作用非常重要，教师要在反馈的内容、频率以及方式上面多加注意。

4. 建立稳定而清晰的动觉

没有清晰的动觉，容易导致技术水平不稳定，难以找出动作失误的确切原因，因此，通过练习提高动觉，在技能学习中的作用十分重要。

章节配套练习

1. [单选题] 在体育课上，学生们跟随老师学习如何打篮球，这属于（　　）类型的教学。

   A. 程序性知识　　　　　　　　　　B. 陈述性知识

   C. 情境性知识　　　　　　　　　　D. 元认知知识

2. [单选题] 学习由若干概念组成的句子的复合意义，即学习若干概念之间的关系，这种学习形式是（　　）。

   A. 符号学习　　　　　　　　　　　B. 并列组合学习

   C. 概念学习　　　　　　　　　　　D. 命题学习

3. [单选题] 教师在讲"鸟是有羽毛的动物"的概念时，列举会飞的蝙蝠、蝴蝶、蜜蜂等动物来帮助学生理解鸟的本质特征。这种教学运用了（　　）的教学法。

   A. 变化　　　　　　　　　　　　　B. 改变

   C. 变式　　　　　　　　　　　　　D. 突出

4. [单选题] 教师采用各种图片、图表、模型、幻灯片、录像带等进行教学，这符合（　　）直观原则。

   A. 模像　　　　　　　　　　　　　B. 言语

   C. 图像　　　　　　　　　　　　　D. 实物

5. [单选题] 教师在教学过程中带领学生观察各种实物、演示各种实验，或者到工厂等地方开展实地观察访问等，这种引导学生获得知识的方式属于（　　）。

   A. 实物直观　　　　　　　　　　　B. 模象学习

   C. 言语直观　　　　　　　　　　　D. 变式直观

6. [单选题] 当动作技能练习到一定时期，可能出现进步暂时停止或下降、难以提高的现象，这种现象叫做（　　）。

   A. 练习效应　　　　　　　　　　　B. 高原现象

   C. 操作定向　　　　　　　　　　　D. 操作模仿

7. [单选题] 小李在体育课上学了一个月武术后，他的武术动作表现为：整体动作趋于连贯，错误动作较少，但动作不能自主流畅完成，熟练性和准确性有待提高。从动作技能的形成阶段来看，小李的武术动作技能最可能处于（　　）。

   A. 操作定向阶段　　　　　　　　　B. 操作模仿阶段

   C. 操作熟练阶段　　　　　　　　　D. 操作整合阶段

8. [单选题] 活动方式具有高度的适应性，在执行方面能达到最高度完善和自动化的阶段是（　　）。

A. 操作定向 　　　　　　　　B. 操作模仿

C. 操作整合 　　　　　　　　D. 操作熟练

【参考答案】

1. A　2. D　3. C　4. A　5. A　6. B　7. D　8. D

第十四章　问题解决与创造力

知识模块	考点细化	单选题	辨析题	简答题	材料分析题	重要程度
问题解决	含义	√	—	—	—	—
	心理过程	√	—	—	—	★
	影响因素	√	√	—	√	★★★
	策略	√	—	—	—	★
	教学	—	—	√	√	—
创造力及其培养	创造性思维	√	√	√	—	★★
	培养	—	—	√	—	—
	智力理论	√	√	√	—	★★
	智力差异	√	—	—	—	—

第一节　问题解决

一、问题及问题解决（单选题）

问题的概念是给定信息与要实现的目标之间有某些障碍需要加以克服的情境。

问题解决指由一定的情境所引起，按一定的目标，应用各种认知活动、技能等，经过一系列心理活动阶段，使问题得以解决的活动过程。

二、问题解决的心理过程（单选题）

问题解决的心理过程：发现问题、明确问题/分析问题、提出假设、检验假设。

发现问题是问题解决的开端，有时发现问题比寻找问题的答案更困难，因为生活中所遇到的各种问题并非都是显而易见的。由此发现问题被认为是问题解决的首要环节。

明确问题就是分析问题的过程，分析问题就是把问题分解为局部的、具体的问题，使思维活动更有指向性。

提出假设就是在明确问题的基础上，人们将提出解决问题的各种各样的方法。由此提出假设也被认为是问题解决的核心环节。

检验假设是就是通过一定的方法来确定假设是否符合实际、是否符合科学原理。

三、影响问题解决的因素（单选题、辨析题、材料分析题）

问题解决受许多因素的影响，如社会、自然、物质和心理等因素。这里主要分析心理因素对问题解决的影响。

（一）问题情境与表征方式

问题情境是指呈现问题的客观情境（刺激模式），如空间位置、距离、时间、顺序及物体当时表现出的特定的功能等对问题的解决有重要的影响。

（二）个体的智能与动机

个体的智力水平是影响问题解决的极重要的因素。因为智力中的推理能力、理解力、记忆力、信息加工能力和分析能力等成分都影响着问题解决。

动机是促使人解决问题的动力因素，对解决问题的思维活动有重要影响。动机的性质和动机的强度会影响解决问题的进程。根据耶克斯—多德森定律，中等强度的学习动机有利于问题的解决。动机太弱或太强，都会降低问题解决的效率。

（三）思维定势与功能固着

思维定势有时也称定势，是指由先前的活动所形成并影响后继活动趋势的一种心理准备状态，通常表现为以最熟悉的方式做出反应或者解决问题。其在问题解决过程中既有积极作用，也有消极影响。

功能固着是指个体在解决问题时往往只看到某种事物的通常功能，而看不到事物其他方面可能有的功能，这是人们长期以来形成的对某些事物的功能或用途的固定看法。

（四）原型启发与酝酿效应

原型启发是指在其他事物或现象中获得的信息对解决当前问题的启发。其中具有启发作用的事物或现象叫作原型。作为原型的事物或现象多种多样，存在于自然界、人类社会和日常生活之中。

当一个人长期致力于某一问题的解决而又百思不得其解的时候，如果他暂时停下对这个问题的思考，而去做别的事情，那么几小时、几天或几周之后，他可能会忽然想到解决的办法，这就是酝酿效应。

（五）情绪状态

情绪状态对问题解决有一定的影响。一般而言，相对适中的情绪激动水平，有利于问题的解决。情绪过于高昂或过于低沉，都会降低问题解决的效率。

（六）已有的知识经验

已有经验的质与量都影响问题解决。拥有与问题解决相关的经验越丰富，解决该问题的可能性也就越大。

四、问题解决的策略（单选题）

问题解决是一个复杂的心理过程，在问题解决的探索过程中，逐渐形成了一些问题解决的策略，包括**尝试策略（又称算法策略）**和启发策略。

尝试策略是指对一个问题的所有解决途径都加以尝试。

启发策略是指凭借经验来解决问题的一种策略，具体可分为四种：

（1）手段—目标分析法，将目标分为若干个子目标，将问题分解为若干个子问题后，寻找解决每一个子问题的手段，通过子问题的解决，最终使问题得到解决。

（2）顺向推理，从问题的已知条件出发，逐步扩展至已有信息，直至问题得到解决。

（3）反向推理，从目标状态出发，逐步推出达到目标所需要的条件。

（4）爬山法，先设立目标，然后朝着目标方向走到与起始点临近的中途点，直至逼近目标。

> **真题再现**
>
> 小强在解决物理习题时，能够把各种解法逐一列出并加以尝试，最终找到一个最佳的算法，小强的这种解题方法属于（　　）。
>
> A. 启发式 　　　　　　　　B. 推理式
>
> C. 算法式 　　　　　　　　D. 归纳式
>
> 【答案】C

五、提高问题解决能力的教学（简答题、材料分析题）

在学校情境中，大部分问题解决是通过解决各个学科中的具体问题来体现的，这也意味着结合具体的学科教学来培养解决问题的能力是必要的，也是可行的。具体可以从以下几个方面着手：

（一）提高学生知识储备的数量与质量

（1）帮助学生牢固地记忆知识。

（2）提供多种变式，促进知识的概括。

（二）教授与训练解决问题的方法与策略

（1）结合具体学习，教授思维方法。

（2）外化思路，进行显性教学。

（三）提供多种练习的机会

应避免低水平的、简单的提问或重复的机械练习，防止学生埋没在题海之中。应考虑练习的质量，根据不同的教学目的、教学内容等来精选、设计例题与习题，充分考虑练什么、什么时候练、以什么方式练、练到什么程度、如何检验练的效果等问题。

（四）培养思考问题的习惯

（1）鼓励学生主动发现问题。

（2）鼓励学生多角度提出假设。

（3）鼓励自我评价与反思。

第二节　创造力及其培养

一、创造性思维（单选题、辨析题、简答题）

（一）创造性思维的本质

创造性是指以创造性思维为核心的多种能力的综合，以新颖独创的方法解决问题的思维过程。

创造性思维往往与发散思维和聚合思维两个概念相关。发散思维就是产生尽可能多的观点和答案的能力，聚合思维则是确定一个唯一答案的能力。创造性思维并不完全等同于发散思维，而是发散思维和聚合思维的统一。

（二）创造性思维的特点

美国心理学家吉尔福特认为，创造性思维具有**流畅性、变通性和独创性**三个特征，对创造性的测量也重在考查这些特征。

1. 流畅性

流畅性是指智力活动灵敏迅速、畅通少阻，能在较短时间内发表较多的观点，它是发散思维的量的指标。

2. 变通性

变通性又称灵活性，是指思维灵活，触类旁通，随机应变，不受功能固着、思维定势的束缚。变通性相比于流畅性来说，除了"数量多"之外，还包括"类型多"。

3. 独创性

独创性是指产生不寻常反应和不落常规的能力。此外，其还有重新定义或按新的方式对所见所闻加以组织的能力。

真题再现

教师："面粉有什么用处？"

学生甲："可以做面包、蛋糕、馒头、花卷、油条、面条。"

学生乙："可以做馒头、调胶水、捏面人。"

上述对话说明学生乙比学生甲的思维更具有（　　）。

A. 精细性　　　　　　　　　　B. 流畅性

C. 变通性　　　　　　　　　　D. 反思性

【答案】C

二、创造性思维的培养（简答题）

创造性思维是在一般思维的基础上发展起来的，是后天培养和训练的结果。创造性思维的培养应注意以下几个方面：

（一）创设有利于创造性产生的适宜环境

（1）创设宽松的心理环境。

（2）给学生留有充分选择的余地。

（3）改革考试制度与考试内容。

（二）注重创造性个性的塑造

（1）保护好奇心。

（2）解除个体对答错问题的恐惧心理。

（3）鼓励独立性和创新精神。

（4）重视非逻辑思维能力。

（5）给学生提供具有创造性的榜样。

（三）开设培养创造性的课程，教授创造性思维策略

（1）发散思维训练。

（2）推测与假设训练。

（3）自我设计训练。

（4）头脑风暴训练。

三、智力相关理论（单选题、辨析题、简答题）

智力是指处理抽象观念、处理新情境和进行学习以适应新环境的能力。智力的相关理论有以下几种：

（一）智力因素论

英国心理学家**斯皮尔曼**首先提出了智力结构的二因素论。他认为**智力包括两种因素：一般因素（G因素）和特殊因素（S因素）**。G因素代表一个人普遍而概括化的能力，参与所有的智力活动。每个人拥有的G因素只有数量和高低的差别。一个人智力高低取决于G因素数量的多少。G因素数量高的人被认为聪明，反之则被认为愚笨。S因素代表一个人的特殊能力，只在某些特殊方面（如绘画、唱歌等）表现出来。S因素参与不同的智力活动，但每种智力活动中主要有一种特定的S因素存在。人在从事任何一项智力活动时都需要有G和S因素的共同参与。

（二） 智力结构论

美国心理学**吉尔福特**提出了智力的三维结构论。他认为智力是一个由不同方式对不同信息进行加工的各种能力的综合系统，是一个包括**内容、操作和成果**的三维结构。其中，内容是指思维的对象，包括视觉、听觉、符号、语义和行为；操作是指智力活动的反应方式，包括认知、记忆、发散思维、辐合思维和评价；成果是指智力活动的产物，包括单元、类别、关系、系统、转换、寓意。每个维度中的任何一项，都可以与其他两个维度中的一项结合构成一种智力因素。因此，形成的智力因素总共有 150 种（5×5×6），其中每种智力因素都是一种特殊的能力。截至 1984 年，人们已发现了其中的105 种。

智力结构论认为，操作真正代表智力的高低。个人针对引起思考的情境，在行为上表现出思考结果之前，所经过的内在操作历程，即代表个人的智力。操作中的发散思维和辐合思维两个概念已引起了心理学家们的广泛注意。有些心理学家为研究创造能力所设计的创造力测验就是以该理论中的发散性思维为基础的。

（三） 智力形态论

美国心理学家**卡特尔**根据因素分析结果将人的智力解释为两种不同形态：**流体智力和晶体智力**。

流体智力是一种以生理为基础的认知能力，凡是新奇事物的快速辨识、记忆、理解等能力，比如记忆广度等，在性质上即属流体智力。其特征是，对不熟悉的事物，能以迅速准确的反应来判断彼此间的关系。通常在 20 岁后，人的流体智力的发展达到顶峰，30 岁以后将随年龄的增长而降低。此外，心理学家还发现，流体智力属于人类的基本能力，受教育、文化的影响较少。因此，在编制适用于不同文化的文化公平测验时，多以流体智力作为智力比较的基础。

晶体智力是以学得的经验为基础的认知能力。凡是运用已有知识与学得技能去吸收新知识和解决问题的能力，均属晶体智力。晶体智力与教育、文化有关，但晶体智力不因年龄增长而降低，有些人甚至因知识经验的累积，晶体智力随年龄增长而升高。

以上智力理论虽观点不同，但都是以心理测验为根据，以因素分析为方法而建立的。下面介绍的是多元智力理论。

（四） 多元智力理论

多元智力理论由美国心理学家**加德纳**提出。按照加德纳的解释，智力是在某种文化环境的价值标准之下，个体用以解决问题与生产创造所需的能力。加德纳认为，智力主要由以下七种能力构成：

（1）语文能力，包括说话、阅读、书写的能力。

（2）数量能力，包括数字运算与逻辑思考的能力。

（3）空间能力，包括认识环境、辨别方向的能力。

（4）音乐能力，包括对声音的辨识与韵律表达的能力。

（5）运动能力，包括支配肢体以完成精密作业的能力。

（6）社交能力，包括与人交往且和睦相处的能力。

（7）自知能力，包括认识自己并选择生活方向的能力。

显然，该理论对传统的智力观念提出了新的诠释。以上所列的七种能力，如果从传统的智力理论观点看，只有前三种才算智力。后面四种并非智力测验所要测量的项目。加德纳将这些能力综合为智力，这也反映出近年来智力理论走向上的改变。同时，加德纳多元智力理论也为我国新课程改革"建立促进学生全面发展的评价体系"提供了有力的理论依据与支持。

四、智力差异（单选题）

（一）智力的个体差异

个体差异是指个体在成长过程中受遗传与环境的交互影响，使不同个体之间在身心特征上所显示的彼此不同的现象。智力的个体差异主要表现在智力类型差异、智力发展水平差异和智力表现早晚差异等方面。

1. 智力类型差异

智力类型差异主要是指个体在知觉、记忆、言语和思维等方面表现出的差异。例如，有的人擅长记忆，有的人擅长想象，有的人擅长逻辑思维等。除了在一般能力上存在个体差异外，在特殊能力上也有明显差异，如有的人音乐能力强，有的人绘画能力强，还有些人运动能力强等。

2. 智力发展水平差异

水平差异主要是指智力发展水平有高低的差异，即人们平时生活中经常说的聪明和愚笨。智力水平的高低通常用智商来表示，即 IQ 分数。就全人类而言，智力的个体差异呈正态分布，即处于中等水平的人占多数，偏离中等水平越多，所占的人数就越少。

3. 智力表现早晚差异

智力表现早晚差异是指智力的成熟有早晚之分，有的人早慧，有的人则大器晚成。

（二）智力的群体差异

智力的群体差异是指不同群体之间的智力差异，包括智力的性别差异、年龄差异与种族差异等。目前研究得比较多的是智力的性别差异问题，尽管研究的结论各异，但在以下两方面则基本一致：

第一，男女智力的总体水平大致相等，但男性智力分布的离散程度比女性大，即很聪明的男性和很笨的男性都比女性多，智力中等的女性比男性多得多。

第二，男女的智力结构存在差异，各自具有自己的优势领域。男性的视知觉能力较强，尤其是在空间知觉能力方面，男性明显优于女性。女性的听觉能力较强，特别是在声音的辨别和定位方面，女性明显优于男性。

章节配套练习

1. ［单选题］在思维训练课中，老师让大家列举纽扣的用途，小丽只想到了纽扣可以钉在衣服前，用来扣衣服，却想不到纽扣可以制成装饰品、点缀衣服等其他用途。这种现象属于（　　）。

   A. 功能迁移　　　　　　　　　B. 功能固着

   C. 功能转换　　　　　　　　　D. 功能变通

2. ［单选题］初三学生小岩晚上在家复习功课，忽然灯灭了，他根据物理课上所学的知识，推测可能是保险丝断了，然后检查了闸盒里的保险丝。这是问题解决过程中哪个阶段？（　　）

   A. 发现问题阶段　　　　　　　B. 理解问题阶段

   C. 提出假设阶段　　　　　　　D. 检验假设阶段

3. ［单选题］根据智力形态论，一般在 20 岁后会达到顶峰，30 岁后将随着年龄增长而逐渐下降的智力类型属是（　　）。

   A. 一般因素　　　　　　　　　B. 特殊因素

   C. 流体智力　　　　　　　　　D. 晶体智力

4. ［单选题］常用吹风机吹头发，却没想到用它来吹干潮湿的衣服，这种现象属于（　　）。

   A. 思维定式　　　　　　　　　B. 原型启发

   C. 功能固着　　　　　　　　　D. 酝酿效应

5. ［单选题］张乐同学一开始反复探索问题毫无结果，问题搁置几个小时后回过头来很快找到解决方法，这种现象称为（　　）。

   A. 酝酿效应　　　　　　　　　B. 思维定势

   C. 功能固着　　　　　　　　　D. 原型启发

6. ［单选题］根据加德纳的多元智力理论，建筑师、设计师群体最突出的能力可能是（　　）。

   A. 空间能力　　　　　　　　　B. 社交能力

   C. 自知能力　　　　　　　　　D. 语文能力

7. ［单选题］下列属于斯皮尔曼智力结构理论的是（　　）。

A. 智力结构由四个层次组成

B. 智力的 G 因素和 S 因素组成

C. 智力由流体智力和晶体智力组成

D. 智力结构包括内容、操作和产品三个维度

【参考答案】

1. B　2. D　3. C　4. C　5. A　6. A　7. B

有任何疑问或者建议

都可以扫码反馈哦~

第五模块

中学生发展心理

第十五章　中学生发展心理

知识模块	考点细化	单选题	辨析题	简答题	材料分析题	重要程度
中学生认知发展	认知发展理论	√	√	√	—	★★★
	中学生认知发展的特点	—	—	√	√	★
中学生情绪情感发展心理	概念	√	—	—	—	—
	情绪情感的分类	√	—	—	—	★★★
	情绪理论	√	—	√	—	★
	中学生情绪情感的特点	√	—	—	√	★★★
	中学生良好情绪的培养	√	—	—	√	★★
中学生意志	概念	√	—	—	—	—
	意志行动中的动机冲突	√	—	—	√	★★
	意志品质	√	—	—	—	★
	培养	—	—	√	√	—
中学生人格发展心理	概念	√	—	—	—	—
	特征	√	—	—	—	★
	结构	√	√	—	√	★★★
	理论	√	—	√	—	★★★
	社会性发展特点	√	—	—	√	★★

第一节　中学生认知发展心理

一、认知发展理论（单选题、辨析题、简答题）

（一）皮亚杰认知发展阶段理论（认知建构主义）

皮亚杰认为，认知发展是一种建构的过程，是个体在与环境不断的相互作用中实现的。在阐述认知发展的过程时，皮亚杰提出了相关概念。

1. 基本概念

（1）**图式**是指个体对世界的知觉、理解和思考的方式，即心理活动的结构和组织。我们可以把图式看作是心理活动的框架或组织结构。图式是认知结构的起点和核心，或者说是人类认识事物的基础。因此，图式的形成和变化是认知发展的实质。

（2）**同化**即把环境因素纳入已有图式中，使之成为自身的一部分，从而加强和丰富原有图式，原有图式发生了量变。

（3）**顺应**即改变原有图式，以适应环境，即原有图式发生了质变。

（4）**平衡**是指个体通过自我调节机制使认识的发展从一个平衡状态向另一个较高平衡状态过渡的过程。皮亚杰认为，心理发展就是个体通过同化和顺应往日益复杂的环境达到**平衡**的过程，个体也正是在平衡与不平衡的交替中不断建构和完善其认识结构，从而实现认知发展的。

2. 儿童认知发展四阶段

（1）感知运动阶段（0~2岁）。

这一阶段的儿童认知发展的主要特征是感觉和动作的分化。儿童只有动作层面上的智慧，语言和表象尚未产生。刚降生时，儿童仅有一系列笼统的反射，靠感觉动作的手段来适应外部环境，在这一阶段后期，感觉和动作出现分化，思维开始萌芽。这一阶段儿童在认知上获得了两大成就：一个是主体与客体的分化；另一个是因果关系的初步形成。

（2）前运算阶段（2~7岁）。

这一阶段的儿童和上一阶段的儿童相比，思维有了质的飞跃。这一阶段的儿童认知发展的主要特征表现为：①儿童的思维中出现了词语或其他符号，开始出现表象和形象图式。②不能理解守恒原理，思维具有不可逆性。守恒是指物体不论其形态如何变化，其质量是恒定不变的。但在这一阶段儿童还不能认识守恒。不可逆性是指思维具有单向性。③泛灵论——认为外界事物都是有生命的。④一切以自我为中心。不能从对方的观点考虑问题，以为每个人看到的世界正如他自己所看到的一样。

（3）具体运算阶段（7~11岁）。

具体运算阶段的儿童正处于小学阶段，此时的儿童认知发展的主要特征为：①具有了抽象概念，思维可以逆转，能够进行逻辑推理；②获得了长度、体积、重量和面积等方面的守恒关系；③去自我中心；④具体逻辑思维。

（4）形式运算阶段（11岁至成人）。

这一阶段学生的思维最大的特点是已经摆脱了具体可感知事物对思维的束缚，使形式从内容中解脱出来，进入形式运算阶段。这个时期的儿童能根据假设进行推理，相信演绎得到的推论，使认识指向未来。

皮亚杰认为，学习从属于发展，从属于主体的一般认知水平。因此，各门具体的学科应该对不同发展阶段的学生提出既不超过当时的认知同化能力，又能促使他们向更高阶段发展并富有启迪作用的适当的内容和教学方法。

（二）维果斯基的认知发展理论

维果斯基创立了"文化—历史发展理论"，用以解释人类心理本质上与动物不同的高级心理机能。他探讨了"发展"的实质，维果斯基认为，心理发展是指个体心理（从出生到成年）在环境与教育影响下，在低级心理机能的基础上，逐渐向高级心理机能转化的过程。

在教学与发展的关系上，维果斯基提出了两个重要思想：**一个是"最近发展区"思想；另一个是教学应当走在发展的前面。**

维果斯基提出了儿童发展的两种水平：一种是已经达到的发展水平，表现为个体能够独立解决问题的现有水平；另一种是儿童可能达到的发展水平，表现为儿童还不能够独立地完成任务，但在成年人的帮助下，在集体活动中，通过模仿等形式，却能够完成这些任务。这些儿童在指导下借助成年人的帮助所能达到解决问题的水平与在独立活动中所达到的解决问题的水平之间的差异就是"最近发展区"。教学创造着最近发展区，第一个发展水平和第二个发展水平之间的动力状态是由教学决定的。

根据上述思想，维果斯基又提出"教学应当走在发展的前面"，这是他对教学与发展关系问题的最主要的理论。也就是说，教学可以定义为人为的发展，教学决定着智力的发展，这种决定作用既表现为智力发展的内容、水平和智力活动的特点上，也表现在智力发展的速度上。

> **真题再现**
>
> "跳一跳，摘到桃"主要强调教师在教学过程中尽可能挖掘每个学生的潜力，使其得到更好的发展。其理论依据是（   ）。
>
> A. 最近发展区理论　　　　　　　B. 范例教学理论
>
> C. 合作教育学理论　　　　　　　D. 教学过程最优化理论
>
> 【答案】A

二、中学生认知发展的特点（简答题、材料分析题）

（一）中学生感知觉发展的特点

由于掌握知识、进行观察和实验的要求，中学生知觉事物的有意性和目的性进一步提高，能够比较稳定地、长时间地进行知觉；知觉事物的精确性和概括性不断提高，在空间知觉上有更大的抽象性，能够比较熟练地掌握三维的空间关系；更富有选择性、理解性、整体性和恒常性。观察水平不断提高，内容更加丰富，能抓住事物的本质。

（二）中学生记忆发展的特点

（1）记忆的容量日益增大，短时记忆广度接近成年人。

（2）对直观形象的材料记忆要优于抽象材料，对图形记忆要优于词语。

（3）有意记忆逐渐占主导地位。

（4）理解记忆成为主要记忆手段。

（5）抽象记忆逐渐占据主导地位。

（三）中学生思维发展的特点

（1）抽象逻辑思维逐渐占据主导地位，并随着年龄的增长日益成熟。

（2）形式逻辑思维逐渐发展，在高中阶段处于优势。

（3）辩证逻辑思维迅速发展。形式逻辑思维和辩证逻辑思维是抽象逻辑思维的两个不同的发展阶段，它们的发展和成熟，是青少年思维发展和成熟的重要标志。

（四）中学生注意发展的特点

（1）注意的目的性逐渐增强并趋于成熟。有意注意在学习、生活中发挥重要作用，无意注意进一步的深化并达到成年人的水平。

（2）注意品质不断改善。注意的广度、分配达到了一般成年人的水平，能根据学习的目的、要求及时而又迅速地转移注意力。随着年级的升高，中学生的注意趋向稳定，注意的稳定性对初一学生成绩的影响比学习能力对学习成绩的影响更加明显。

第二节　中学生情绪和情感发展心理

一、情绪和情感的概念（单选题）

情绪和情感是人对客观事物是否符合需要而产生的态度体验。**情绪**是人对客观事物的态度体验及相应的行为反应。**情感**是和人的社会性需要相联系的一种比较复杂而又稳定的态度体验。

二、情绪和情感的分类（单选题）

（一）情绪的分类

从生物进化角度，人的情绪可分为基本情绪与复合情绪；从情绪状态角度，人的情绪状态可分为心境、激情和应激。

1. 基本情绪与复合情绪

基本情绪是先天的、不学而能的。基本情绪有四种：喜、怒、哀、惧。

复合情绪则是由基本情绪的不同组合派生出来的。如恐惧与期待混合在一起就会产生焦虑情绪。

2. 心境、激情和应激

（1）心境。

心境是指人比较平静而持久的情绪状态。心境具有弥漫性，它不是关于某一事物的特定体验，而是以同样的态度体验对待一切事物。

（2）激情。

激情是一种强烈的、爆发性的、为时短促的情绪状态。这种情绪状态通常是由对个人有重大意义的事件引起的，重大成功之后的狂喜、惨遭失败后的绝望、亲人突然死亡引起的极度悲哀、突如其来的危险所带来的异常恐惧等，都是激情状态。激情状态往往伴随着生理变化和明显的外部行为表现。

（3）应激。

应激是出乎意料的紧迫情况所引起的急速而高度紧张的情绪状态。当人遇到某种意外的环境刺激或意外危险，为了应付瞬息万变的紧急情况，就得果断采取决定并迅速做出反应。

（二）情感的分类

从情感的社会内容角度来看，人类的情感有道德感、美感和理智感三种形式。

1. 道德感

道德感是根据一定的道德标准评价人的思想、意图和言行时所产生的主观体验。

2. 美感

美感是人们根据一定的审美标准对自然或社会现象及其在艺术上的表现予以评价时所产生的情感体验。

3. 理智感

理智感是人认识事物和探求真理的需要是否得到满足而产生的主观体验。

三、情绪理论（单选题、简答题）

情绪理论主要试图解释情绪体验的生理和心理方面的关系。

（一）情绪的早期理论

1. 詹姆士—兰格理论

美国心理学家威廉·詹姆士和丹麦生理学家卡尔·兰格各自分别于1884年和1885年提出了基本相同的观点。这个理论强调情绪的产生是植物性神经系统的产物，认为情绪是内脏器官和骨骼肌肉活动在脑内引起的感觉。

2. 坎农—巴德学说

坎农认为，情绪产生的中心不在外周神经系统，而在中枢神经系统的丘脑。他认为情绪体验与生理变化是同时产生的，他们都受丘脑的控制。坎农的情绪学说得到巴德的支持，后人称坎农的情绪理论为坎农—巴德情绪学说。

（二）情绪的认知理论

1. 评定—兴奋说

美国心理学家阿诺德提出了情绪的评定—兴奋说，强调情绪来源于大脑皮层对情境的评估，主要有三个观点：

第一，情绪产生的过程是刺激情境—评估—情绪。

第二，情绪的产生是大脑皮层和皮下组织协同活动的结果，大脑皮质的兴奋是情绪行为的最重要的条件。

第三，情绪产生的模式是，外界刺激作用于感受器，产生神经冲动，通过内导神经，经丘脑传到大脑皮层，得到评估，形成一种特殊的态度。态度通过外导神经将皮层的冲动传至丘脑的交感神经，将兴奋发放到血管或内脏，所产生的变化使其获得感觉。

这种从外周来的反馈信息，在大脑皮层中被估价，使纯粹的认识经验转化为被感受到的情绪，这就是评定—兴奋说。

2. 沙赫特的两因素情绪理论

美国心理学家沙赫特认为，对于特定的情绪来说，有两个因素是必不可少的：一是高度的生理唤醒；二是对生理状态的变化进行认知性的唤醒。

3. 拉扎勒斯的认知评价理论

拉扎勒斯认为情绪是个体对环境事件直觉到有害或有益的反应。在情绪活动中，人们需要不断评价刺激事件与自身的关系，有三个层次的评价：初评价、次评价、再评价。

初评价是指人确认刺激事件与自己是否有利害关系；次评价是指人对自己反应行为的调节与控制；再评价是指人对自己的情绪和行为反应的有效性和适宜性的评价。

四、中学生情绪和情感的特点（单选题、材料分析题）

（一）情绪和情感更加丰富

随着学习、生活范围的扩大以及自我意识的觉醒，中学生发展了多样性的自我情感（如自尊心、自卑感等），而且两性的情感与社会性情感也日益丰富。

（二）情绪的强烈性

中学生的情绪是强烈的，因此，有人形容此时期为"暴风骤雨"时期，他们的情绪经常具有不可遏制性。他们常常因为一点小事就欣喜若狂、手舞足蹈，或者垂头丧气、无精打采，有时彼此之间只因为一句话不合就怒不可遏、拔拳相向。在正确的世界观与理智的支配下，他们能够带着强烈情感做出惊天动地的光辉业绩；但如果被人利用，或卷入盲目狂热之中，他们的强烈情绪也会给社会带来很大的危害。

（三）情绪不够稳定

情绪不够稳定是因为消极体验过多，自制能力较差。调查结果表明，有 20.7% 的中学生在听到别人的指责时心里会别扭很长时间；有 24.8% 的中学生做错事后时常会感到惊恐不安；有 49.77% 的中学生曾经感到心里烦躁又无处诉说。

（四）情绪的易激动性（易感性）

中学生性腺激素分泌的影响，神经系统表现出兴奋性的亢进，调节能力较低，对外界刺激表现出高度的易感性，容易激动和出现激情状态，常为生活中的一些小事做出过激行为，事后又后悔不迭。

（五）情绪两极性明显

中学生正处于身心各方面迅速发展的时期，心理矛盾错综复杂，神经过程的兴奋和抑制发展不平衡，导致情绪表现的两极性十分明显，情绪容易从一个极端走向另一个极端，相反情绪的转换剧烈。

（六）情感的开放性与掩饰性相交织

中学生充满热情，富有朝气，活泼而坦率，情感表现出开放性的特点。但由于自控能力的提高，情感的外露性逐渐减少，内隐、掩饰性增强，有时会出现与外部表现不一致的现象。

（七）逆反性

逆反心理是指个体彼此之间为了维护自尊，对对方要求采取相反的态度和言行的一种心理状态。在现实生活中，有的中学生"不受教""不听话"，甚至经常与教师、家长"顶牛儿""对着干"。这种与常理背道而驰，以反常的心态来显示自己"高明"和"非凡"的行为，往往是逆反心理的表现。这种心理在中学生成长中的每一阶段都可能发生，而且有多种表现。例如，对正面宣传进行不信任、不认同的反向思考；对先进人物、榜样无端怀疑，甚至根本否定；对不良倾向持认同感，为其喝彩；对思想政治教育消极抵制、蔑视对抗等。

五、中学生良好情绪的培养（单选题、材料分析题）

（一）教会中学生形成适宜的情绪状态

若要教会中学生调节情绪的紧张度，就要使他们学会按自己的意愿形成适宜的情绪状态。

（二）丰富中学生的情绪体验

中学生不适宜情绪的产生，往往是由于缺乏一定的情绪经验引起的。中学生考试、公开发言都容易引起情绪波动，这是临场经验不足造成的。教师应给中学生创造一种过渡性情境，即从不紧张到较为紧张，最后再到更高一级的紧张环境，使中学生能够积累各种情境下的情绪体验。

（三）引导中学生正确看待问题

中学生分析问题的能力还不完善，对一个问题往往只从一个角度解释，所以容易遭受挫折。教师应该指导中学生从多个角度看待问题，以发现问题的积极意义，从而产生健康的情绪。多角度、多侧面地帮助中学生提高认识，有助于使中学生的情绪、情感向正确的方向发展。

（四）教会中学生情绪调节的方法

教师的教最终是为了使中学生学会调节自己的情绪，因此，传授中学生一些调节情绪的方法是必不可少的。例如，当中学生被不良情绪困扰时，可以采取转移注意力的方法暂时离开引起不良情绪的情境；如果中学生的情绪反应超过了适度的量，这时与其"堵"，还不如"疏"，即采用合理宣泄法或自我暗示法等。

情绪调节可以采用自我防御机制中的一些方法。自我防御机制最早由精神分析学派系统地加以论述。所谓自我防御机制，就是自我在精神受干扰时用以避开干扰，保持心理平衡的心理机制。防御机制包括文饰、投射、升华、退行等。

1. 文饰

文饰即合理化，个人遭受挫折、无法达到所追求的目标或为站不住脚的、不合理的事情找一些有利的理由来解释。

合理化有两种表现：一种是**酸葡萄心理**，即把得不到的东西说成不好的；另一种是**甜柠檬心理**，即得不到葡萄，只能得到柠檬时，就说柠檬是甜的。

2. 投射

投射一般是指将自己不喜欢或不能接受的性格、态度、意念等，投射到别人身上或外部世界去，而断言别人是这样，以免除自责的痛苦。"以小人之心度君子之腹"就属于这种作用。当别人的行为与自己不同时，我们习惯用自己的标准去衡量别人的行为，认为别人的行为违反常规；喜欢嫉妒的人常常将别人行为的动机归纳为嫉妒，如果别人对他稍不恭敬，他便觉得别人在嫉妒自己；心地善良的人总也不相信有人会加害于他；而敏感多疑的人则往往会认为别人不怀好意。

3. 升华

升华是一种最积极的富有建设性的防御机制。因为它可以把社会所不能接受的性欲或攻击性冲动所伴有的力比多能量转向更高级的、社会所能接受的目标或渠道，进行各种创造性的活动。从文艺家歌德创作的《少年维特之烦恼》等，均可见到升华机制的作用。

【例】中学生将失去亲人的悲痛转化为学习的动力。

4. 退行

个体在遇到挫折和应激时，心理活动退回到较早年龄阶段的水平，以原始、幼稚的方法应付当前情境，是一种反成熟的倒退现象。

（五）通过实际锻炼提高中学生情绪调节能力

在日常生活和学习中，教师要不断鼓励学生克服不良情绪状态，养成积极乐观的心理品质；同时，还要注意创设情境，让中学生体验不良情绪的困扰，从而找到合理宣泄的渠道，这也有助于增强其心理抗压力。

第三节 中学生意志

一、意志的概念（单选题）

意志是指人自觉地确定目标，有目的、有意识地支配自己的行动，通过克服困难实现预定目标的心理过程。因此，意志与明确的目的和克服困难相联系。意志是一种强大的精神力量，它可以来源于一个人深刻的认识和坚定的信念以及崇高的理想，也可以来源于一个人所经历的各种磨难。

二、意志行动中的动机冲突（单选题、材料分析题）

意志行动常具有两个以上的目标，而这些目标不可能同时实现，因此促使意志行动中的目标冲突或动机斗争。冲突表现形式复杂多样大致可分为四类。

1. 双趋冲突（接近—接近型）

双趋冲突是指一个人以同样强度追求同时并存的两个目标但又不能兼得时产生的内心冲突。孟子曰："鱼，我所欲也；熊掌，亦我所欲也。二者不可得兼，舍鱼而取熊掌者也。生，亦吾所欲也；义，亦吾所欲也。二者不可得兼，舍生而取义者也。"每一个目标对个体而言具有同样的吸引力，解决的方法是个体选择优越性大的目标而放弃另一个目标，或者同时放弃这两个目标而追求一个折中目标。

2. 双避冲突（回避—回避型）

双避冲突是指一个人同时遇到两个威胁性的事件，但又必须接受其一方时的内心冲突，实际上这是一种"左右为难""进退维谷"式的冲突。在这种冲突发生时，由于选择的困难，个体可能产生困扰不安、犹豫不决或者优柔寡断的心理活动，在两个不愉快的目标之间摇摆，最后只有接受其中威胁程度较轻的目标。

【例】儿童生病要么服用苦药，要么打针；一个学生既不愿意写作业，又怕被教师批评。

3. 趋避冲突（接近—回避型）

趋避冲突指一个人对同一目标同时产生两种对立的动机，一种是好而趋之；另一种是恶而避之的矛盾的内心冲突。例如，一个人在生活上遇到麻烦时，想求别人帮忙，又怕别人拒绝。

4. 多重趋避冲突（多重接近—回避型）

多重趋避冲突指如果一个人面对两个或两个以上的目标，每个目标都具有吸引和排斥作用而不能简单地选择一个目标，回避另一个目标，必须进行多重的选择而引起的内心冲突。例如，一个人想调换到新的工作单位，因为该单位有较高的经济收入和其他优厚的福利条件，可是工作性质和人际关系不易适应；如果留在原单位工作，有习惯了的工作条件、工作环境以及较好的人际关系，可是经济收入和福利待遇较差。

三、意志品质的概念（单选题）

意志品质是构成意志力的稳定因素，也是衡量一个人意志发展水平的重要尺度。意志品质主要包括独立性、果断性、自制性和坚持性四个方面。

（一）独立性

意志的独立性表现为一个人自己能够自主地、独立地采取决定及执行决定。独立性是指既可以理智地分析、吸收周围人的合理意见，又能做到不屈服于周围人们的压力，不随波逐流，即个体能明确行动的目的，充分认识到行动目的的正确性和重要性，并有效地支配自己行动使之符合该目的。这种品质反映着一个人的坚定立场和信仰，贯穿意志行动的全过程，是意志产生的源泉。

与独立性相反的意志品质是盲从（易受暗示性）和独断。

（二）果断性

意志的果断性表现为能够迅速有效地采取决定和执行决定，是一个人在行动中善于明辨是非，及时合理而坚决地采取决定和执行决定的品质。具有果断性品质的人，善于审时度势，善于对问题情境做出正确的分析和判断、洞察问题的是非真伪。这是他们能够迅速采取决策的根本原因。

与果断性相反的意志品质是优柔寡断和武断。优柔寡断是指采取决定时太犹豫。具有这种品质的人因为有太多担心，即"前怕狼，后怕虎"，所以很难做出决定。武断是指采取决定时太冲动。具有这种品质的人很难做出正确的决定，结果往往是"欲速而不达"。

（三）自制性

意志的自制性是善于控制自我的能力，表现在意志行动的全过程中，如善于控制自己的行为和情绪，约束自己言行的意志品质。

自制力表现为能控制自我，克服与实现目标不一致的思想、情绪，排除外界诱因的干扰，迫使自己执行已经采取的、具有充分根据的决定。自制性强的人，在意志行动中不受无关诱因的干扰，能控制自己的情绪，坚持完成意志行动的同时，还能制止自身不利于达到目的的行动。

与自制性相反的意志品质是任性和怯懦。任性的人不能约束自己的言行，言行常常被情绪所控制；怯懦的人胆小怕事，遇到困难或情况发生变化就惊慌失措，不敢采取行动。

（四）坚持性（坚韧性）

意志的坚持性表现为长时间坚信自己决定的合理性，并坚持不懈地为执行决定而努力。具有坚定性的人，能在困难面前不退缩，在压力面前不屈服，在引诱面前不动摇。正如孟子曰："富贵不能淫，贫贱不能移，威武不能屈。"

意志的坚持性表现为：一方面，在行动中能坚持目的和计划，长期保持充沛的精力和顽强的毅力，做到有始有终；另一方面，在行动遇到困难时，能不断激励自己，坚持不懈地完成意志行动。

与坚持性相反的意志品质是顽固和动摇。顽固的人表现为坚持自己的错误决定；而动摇的人则表现为遇到困难就改变原来的想法，结果往往半途而废，一事无成。

四、意志品质的培养（简答题、材料分析题）

人们的意志品质不是天生的，而是在后天的生活实践中逐步形成的。培养中学生良好意志品质是教育工作者的一项重要任务，教师应当教育中学生加强意志的自我锻炼，使他们养成自我检查、自我监督和自我激励的习惯。培养意志品质的主要方法有：

（一）明确切实可行的学习目的

意志发动和抑制行动的力量源泉来自对目的的深刻认识和体会。只有当具有明确的学习目的并深刻体会到实现这一目的的重大意义时，中学生才会以一往无前的精神去实现它，并会以高度的上进心、顽强的毅力，去排除和抑制与学习目的无关的活动。所以，中学生的学习动机和目的一定要合理，否则就会在实践中失败。

（二）积极参加各种社会实践活动

坚强的意志靠实践磨炼出来。在学习过程中，中学生会遇到各种困难，这就需要他们严格要求自己，勤奋学习、独立思考、知难而进、持之以恒、善始善终，在学习实践中锻炼意志。

（三）充分发挥集体和榜样的力量

学校的集体生活是培养学生意志品质的良好环境。在良好的集体中执行严格的纪律、学会严守纪律、不做违反纪律的事，本身就是最好的意志锻炼。此外，集体中榜样的力量是无穷的，每个成员都会在榜样的影响下提高完成任务的勇气和对集体的责任心，担负起自己的责任，从而形成良好的意志品质。

（四）加强意志的自我锻炼

在培养良好的意志品质的过程中，虽然社会环境、教育条件、人际关系等都很重要，但是这些都必须通过自我修养、自我锻炼才能真正起作用。因此，中学生一定要学会锻炼意志。

（五）根据自己的个性特征进行意志锻炼

人的意志不仅同认识过程、情感过程密切相关，而且还与人的个性特征也密切相关。因此，中学生要根据自己的个性特征进行意志锻炼。

> **真题再现**
>
> 李玲遇事常拿不定主意，错失良机。这主要反映了她意志品质的哪一特性？（　　）
> A. 果断性　　　　　　　B. 独立性
> C. 坚韧性　　　　　　　D. 自制性
> 【答案】A

第四节　中学生人格发展心理

一、人格的概念（单选题）

综合心理学各家看法，可将人格的概念界定为：人格是构成一个人的思想、情感及行为的特有的统合模式，这个统合模式包含了一个人区别于他人的稳定而统一的心理品质。

二、人格的特征（单选题）

（一）独特性

一个人的人格是在遗传、成熟、环境和教育等先后天因素的交互作用下形成的。不同的遗传、生存及教育环境，形成了各自独特的心理特点。所谓"人心不同，各如其面"，正说明了人格的千差万别。

（二）稳定性

一个人的人格一旦形成，不会因时间、空间的变化而有太大改变。俗话说"江山易改，禀性难移"，这里的"禀性"就是指人格。

（三）整合性/统合性

人格是由多种成分构成的有机整体，具有内在一致性，受自我意识的调控。人格的统合性是心理健康的重要指标。当一个人的人格结构各方面彼此和谐一致时，人格就是健康的；否则，就会出现适应困难，甚至出现"分裂人格"。

（四）功能性

人格在一定程度上会影响到一个人的生活方式，甚至会决定某些人的命运。当面对挫折与失败时，坚强者能发奋拼搏，懦弱者会一蹶不振，这就是人格功能性的体现。

三、人格的结构（单选题、辨析题、材料分析题）

人格是一个复杂的结构系统，其中有许多成分，主要包括性格、气质、认知风格、自我调控四个方面。

（一）性格

1. 性格的概念

性格是指人的较稳定的态度与习惯化了的行为方式相结合而形成的人格特征，是**人格的核心**。

2. 性格的结构特征

（1）性格的**态度**特征。

性格的态度特征指个体对自己、他人、集体、社会以及对工作、劳动、学习的态度特征。例如，谦虚或自负、利他或利己、粗心或细心、创造或墨守成规等。性格的态度特征在性格结构中具有核心意义。

（2）性格的**意志**特征。

性格的意志特征指个体自觉地确定目标，调节支配行为，从而达到目标的性格特征。例如，顽强拼搏、当机立断。

（3）性格的**情绪**特征。

性格的情绪特征指个体稳定而独特的情绪活动方式。例如，情绪活动的强度、稳定性、持久性和主导心境等方面的特征。

（4）性格的**理智**特征。

性格的理智特征指个体在感知、记忆、想象、思维等认识过程中表现出来的认知特点和风格。例如，主动感知或被动感知，习惯于看到细节还是看到轮廓等。

3. 良好性格的培养措施

（1）加强人生观、世界观和价值观教育。

（2）及时强化学生的积极行为。

（3）充分利用榜样人物的示范作用。

（4）利用集体的教育力量。

（5）依据性格倾向因材施教。

（6）提高学生的自我教育能力。

（二）气质

1. 概念

气质是表现在心理活动的强度、速度、灵活性与指向性等方面的一种稳定的心理特征，即我们平时所说的脾气、秉性。现代心理学一般认为，气质是不依活动目的和内容为转移的、典型的、稳定的心理活动的**动力**特点。

2. 气质与性格的关系

（1）联系。

一方面，气质和性格都属于稳定的人格特征；另一方面，气质与性格相互渗透，彼此制约，二者相互影响。这表现在：

第一，气质影响一个人对事物的态度和行为方式，因此使性格带上某种气质的色彩和具有某种特殊的形式。另外，气质影响性格的形成和发展，以及性格形成的速度。

第二，性格可以掩蔽和改造气质，指导气质的发展，使它服从于生活实践的要求。

（2）区别。

第一，气质受生理影响大，性格受社会影响大。

第二，气质的稳定性强，性格的可塑性强。

第三，气质特征表现较早，性格特征表现较晚。人的气质差异是先天形成的，表现在先；性格是后天形成的，出现得比较晚。

第四，气质是人的天性，没有好坏之分。性格表现了一个人的品德，具有道德评价含义，有优劣之分。

（三）认知风格

认知风格是指个人所偏爱使用的信息加工方式，也叫认知方式。例如，有人喜欢与别人讨论问题，从别人那里得到启发；有人则喜欢独立思考。认知风格有许多种，主要有**场独立型和场依存型、冲动和沉思型、同时型和继时型等**。

1. 场独立型—场依存型

主要表现在人对**外部环境（"场"）**的不同依赖程度上。场独立型的人主要依据内在标准或内在参照，与人交往时也很少能体察入微。场依存型的人在加工信息时，对外在参照有较大的依赖倾向，他们的心理分化水平较低，处理问题时往往依赖于**"场"**，与别人交往时较能考虑对方的感受。

2. 冲动型—沉思型

主要表现在对问题的**思考速度上**。冲动型的特点是反应快，但精确性差。具有这种认知风格的人面对问题时总是急于求成，不能全面细致地分析问题的各种可能性，不管正确与否就急于表达出来，有时甚至没有弄清楚问题的要求就开始解答问题。他们使用的信息加工策略多为整体性策略。

沉思型的特点是反应慢，但精确性高。具有这种认知风格的人，总是把问题考虑周全以后再做出反应，他们看重解决问题的质量，而不是速度。他们使用的信息加工策略多为细节性策略。

3. 同时型—继时型

达斯等人根据脑功能的研究，区分了同时型与继时型两种认知风格。他们认为，左脑优势的个体表现出继时型的加工风格；而右脑优势的个体表现出同时型的加工风格。

（1）**同时型认知风格的特点**。

在解决问题时，采取宽视野的方式，同时考虑多种假设并兼顾到解决问题的各种可能性，其解决问题的方式是发散式的。许多数学操作、空间问题的操作都要依赖于这种同时型的加工方式。

（2）**继时型认知风格的特点**。

在解决问题时，能一步一步地分析问题，每一个步骤只考虑一种假设或一种属性，提出的假设在时间上有明显的前后顺序，解决问题的过程像链条一样，一环扣一环，直至找到问题的答案。言语操作和记忆都属于继时型加工。

（四）自我调控系统（也称自我意识）

自我调控系统是人格中的内控系统或自控系统，具有**自我认知、自我体验和自我控制**三个子系统，其作用是对人格的各种成分进行调控，保证人格的完整、统一与和谐。

1. 自我认知

自我认知是对自己的洞察和理解，包括自我观察和自我评价。自我观察是指对自己的感知、思想和意向等方面的觉察。自我评价是指对自己的想法、期望、行为及人格特征的判断与评估，这是自我调节的重要条件。因此，恰当地认识自我，实事求是地评价自己，是自我调节和人格完善的重要前提。

2. 自我体验

自我体验是伴随自我认识而产生的内心体验，是自我意识在情感上的表现。当一个人对自己做出积极的评价时，会产生自尊感；当一个人对自己做出消极的评价时，会产生自卑感。

3. 自我控制

自我控制是自我意识在行为上的表现，是实现自我意识调节的最后环节。自我控制包括自我监控、自我激励与自我教育等。

个体自我意识的发展要经历三个阶段：

第一阶段，生理自我。自我意识最原始的状态，到儿童3岁左右基本成熟。

第二阶段，社会自我。儿童在3岁以后，社会自我开始发展，到少年期基本成熟。

第三阶段，心理自我。心理自我是在青少年早期开始形成和发展起来的。

四、人格理论（单选题、简答题）

（一）气质类型理论

气质类型是指在一类人身上共有或相似的心理活动特征的有规律的结合。

巴甫洛夫用高级神经活动类型学说解释了气质的生理基础。其依据神经过程的基本特性（兴奋过程和抑制过程的强度、平衡性和灵活性），将气质划分成了四种类型（胆汁质、多血质、黏液质、抑郁质）。神经活动的强度是大脑皮层神经细胞工作能力和耐力的标志，强的神经系统能够承受强烈而持久的刺激。平衡性是兴奋过程和抑制过程的相对力量，二者大体相同就是平衡的；否则就是不平衡的。灵活性是兴奋过程和抑制过程相互转换的速度。高级神经活动类型、高级神经活动过程与气质类型对照见表 15-1。

表 15-1　高级神经活动类型、高级神经活动过程与气质类型对照

高级神经活动类型	高级神经活动过程	气质类型
不可遏制型	强、不平衡	胆汁质
活泼型	强、平衡、灵活	多血质
安静型	强、平衡、不灵活	黏液质
抑制型	弱	抑郁质

现代的气质学说仍将气质分为四种典型的类型：

（1）胆汁质：胆汁质以精力旺盛、表里如一、刚强、易感情用事、冲动为特征。整个心理活动笼罩着迅速而突发的色彩。例如，《三国演义》中的张飞是典型的胆汁质。

（2）多血质：多血质以反应迅速、有朝气、活泼好动、动作敏捷、情绪不稳定、粗枝大叶为特征。例如，《红楼梦》中的王熙凤是典型的多血质。

（3）黏液质：黏液质的人稳重，但灵活性不足；踏实，但有些死板、按部就班；沉着冷静，但缺乏生气。例如，《水浒传》中的林冲是黏液质的代表人物。

（4）抑郁质：抑郁质的人以体验深刻、外表温柔、怯懦、孤独、行动缓慢、多愁善感为特征。例如，《红楼梦》里的林黛玉是典型的抑郁质。

在现实生活中，只有单一气质的人并不多，绝大多数人是四种气质混合、渗透、兼而有之的。在教育过程中，教师应深入了解中学生的气质特点，针对不同气质类型的中学生因材施教，促进其更好地发展。

对胆汁质的中学生，教师应采取直截了当的方式，但这些中学生不宜轻易激怒，对他们进行严厉批评要有说服力，培养他们自制力、坚持到底的精神和豪放、勇于进取的个性品质。

对多血质的中学生，可以采取多种教育方式，但要定期提醒，对其缺点严厉批评。教师应鼓励他们勇于克服困难，培养扎实专一的精神，防止其见异思迁；创造条件，多给他们活动的机会，培养他们朝气蓬勃、足智多谋的个性品质。

对黏液质的中学生，教师要采取耐心教育的方式，让他们有足够考虑和做出反应的时间，培养他们生气勃勃的精神、热情开朗的个性和以诚待人、工作踏实顽强的个性品质。

对抑郁质的中学生，则应采取委婉暗示的方式，对其多关心、爱护，不宜在公开场合中指责，不宜过于严厉地批评，培养他们亲切、友好、善于交往、富有自信的精神，培养他们敏感、机智、认真、细致、高自尊的个性品质。

（二）弗洛伊德的人格结构理论

弗洛伊德的人格结构理论认为，人格由本我、自我和超我三个部分组成。

本我是原始的无意识的本能，是人格结构的基础，遵循"快乐原则"。

自我受"现实原则"支配，其基本任务是协调本我的非理性需要与现实之间的关系，有时候会控制和压抑本我的需要。

超我包括良知和自我理想，受"道德原则"的支配，是个体将特定文化下的道德伦理、社会规范及价值标准等内化而成的人格部分，代表道德、良心和理性。

（三）埃里克森的社会性发展阶段理论

埃里克森十分注重个人与环境的交互作用对人格的影响，认为人格是在个体与环境不断相互作用中发展成长起来的，他建构了个人发展的"心理社会性发展"模型。这个模型用他的新心理分析的观点和概念说明人的发展，并把这个发展过程扩展到人的一生。

埃里克森把人的一生发展划分为八个阶段，每个阶段都有具体的发展任务和存在的心理社会危机，并分析了这一危机解决成功和解决失败分别带来的影响，并给出了引导每一阶段走出危机、成功发展的方法。其具体划分如下：

1. 基本的信任感对基本的不信任感（0~1.5岁）

该阶段的发展任务是**培养信任感**。这一阶段发展的主要任务是培养人对周围世界以及社会环境的基本态度，培养基本的信任感，这是人格健康的基础。

一个婴儿出生后最迫切的需要是父母爱他、照顾他。如果他能得到合理的照顾、哺育、关切与爱护，就会感到世界是个安全且可信赖的地方，因此发展起对他人的信任的人格。反之，如果父母照顾不周，环境多变，哺喂欠缺，对他态度恶劣，儿童就会对周围环境产生猜疑，面对新环境时会焦虑不安，形成不信任他人的人格。

2. 自主感对羞耻感与怀疑（1.5~3岁）

该阶段的发展任务是**培养自主性**。在这一阶段，儿童开始独立处理事情，开始学会许多动作，如独立穿衣、吃饭、走路等。他们开始试探自己的能力，不愿被他人干涉。如果这种试探得到父母或照料者的允许，并鼓励其做力所能及的事情，儿童会逐渐体会到自己的能力，出现自主的感觉，养成自主发展的人格。反之，如果父母或照料者过于溺爱和保护儿童或者是过分批评指责，对他们的独立行动表现出不耐烦，横加干涉，儿童就会怀疑自己的能力，怀疑自己对自我和环境的控制能力，然后产生羞耻感，从而发展成羞怯与怀疑的人格。

3. 主动感对内疚感（3~6岁）

该阶段的发展任务是**培养主动性**。这一阶段的儿童由于身体活动能力和语言能力的发展，开始把自己的活动范围扩展到家庭之外，开始对发展其想象力与自由参与活动感兴趣。儿童喜欢尝试探索环境，承担并学习掌握新的任务。此时，如果父母或教师对儿童的问题耐心听取并认真回答，对儿童的建议适当地鼓励与妥善处理，则儿童的主动性就会加强，从而发展了解是非的良知，培养出明辨是非的道德感。反之，父母或教师对儿童提出的问题不屑一顾或嘲笑、禁止儿童提出的建议，则会使儿童形成退缩、压抑与被动而内疚的人格。当儿童的主动性和他人的主动性产生冲突时，也有可能引发内疚感。

4. 勤奋感对自卑感（6~12 岁）

这一阶段发展的主要任务是**培养勤奋感**。这是儿童进入学校掌握知识、技能的时期。在这个时期，儿童第一次接受社会赋予他的期望去完成社会任务。他们所追求的是自己的学习工作等获得成就与成绩，并因此得到家长和老师的认可和赞许。儿童将会以成功、嘉奖为荣，勤奋感也会加强，进而养成乐观进取和勤奋的人格。反之，如果教育不当，或屡遭败绩，或因成绩而受到冷漠对待，则儿童就会自视不如他人，形成自卑感，发展出自卑的人格。

5. 自我同一性对角色混乱（12~18 岁）

这一阶段发展的任务是**培养自我同一性**。所谓自我同一性是指个体组织自己的动机、能力、信仰及其活动经验而形成的有关自我的一致性形象，就是个体尝试把自己有关的各个方面统合起来，形成一个自己觉得协调一致的整体。这些方面包括自己的身体相貌、自己以往的状况、自己的现状、环境与条件的限制以及对自己未来的展望等。个体综合这些侧面，判断"我是个什么样的人"。自我同一性的建立可以使青少年了解自己，了解自己和周围环境之间的关系，能与环境保持协调和谐，这些心理特质对青少年走向社会、走向生活，接受人生挑战都是至关重要的。自我同一性的形成要求谨慎的选择和抉择，尤其体现在职业定向、性别角色等方面。如果个体不能整合这些方面和各种选择，或根本就不能进行选择，不能建立自我同一性，青少年就会产生自我否定的情绪，就会导致角色混乱，无法觅得关于自我一致的见解。

埃里克森非常重视自我同一性的发展，并认为同一性的发展与前几阶段有着密切的关系。前几个阶段发展得不顺利，那么同一性发展就相当困难，甚至不可避免地发生同一性混乱。同一性不是在青春期才出现，儿童在之前已经形成了各种同一性，但是进入青春期后，早期形成的同一性不能应付眼前的选择和决断，同一性的发展成了这一阶段的首要任务。

6. 亲密感对孤独感（成年早期：18~25 岁）

这是建立家庭生活的阶段，是获得亲密感、避免孤独感的阶段。亲密感是人与人之间的亲密关系，包括友谊与爱情。亲密的社会意义是个人能与他人同甘共苦、相互关怀。在危急情况下，亲密感往往会发展为一种互相承担义务的感情，这是在共同完成任务的过程中建立起来的。

7. 繁殖感对停滞感（成年中期：25~60 岁）

这是获得创造力感，避免自我专注阶段。这一阶段有两种发展的可能性。一种可能是向积极方面发展，个人除关怀家庭成员外，还会扩展到关心社会上其他人，关心下一代以至子孙万代的幸福。他们在工作中勇于创造，追求事业成功，而不仅为满足个人需要。另一种可能性是向消极方面发展，即所谓自我专注，就是只顾自己以及自己家庭的幸福，而不顾他人的困难与痛苦，即使有创造，其目的也完全是为了自己的利益。

8. 自我整合对绝望感（成年晚期：60 岁至死亡）

这是获得完美感，避免失望感的阶段。如果前面 7 个阶段积极的成分多于消极的成分，就会在老年期汇集成完美感，回顾一生，觉得这一辈子过得很有价值，生活得很有意义。相反，如果消极成分多于积极成分，就会产生失望感，感到自己的一生失去了许多机会，走错了方向，想要重新开始又感到为时已晚，于是产生了一种绝望的感觉，精神萎靡不振，马马虎虎混日子。

埃里克森认为，个性发展和形成贯穿于人的一生。个性的发展是充满矛盾和冲突的，在矛盾和冲突中，个人的品质和人格得以形成。某一阶段任务是否完成以及完成得好坏，直接影响下一个阶段的发展，但在后一阶段的发展过程中又可以弥补前一阶段发展的不足。

五、中学生社会性发展的特点（单选题、材料分析题）

（一）自我意识增强

进入青春期后，身心发展速度不一致的矛盾给中学生带来了苦恼，也促使中学生开始对自己的内心世界和个性品质等方面进行关注和评价，并且凭借这些来支配和调节自己的言行。

青春期自我认识的兴趣首先表现在关注自己身体形象上，他们强烈地关注自己的高矮胖瘦、着装等，十分在意别人对自己外貌和打扮的反应，会因为一些不令人满意的外貌特点产生极度焦虑或自卑感。此外，中学生的学习能力和学业成绩及在同伴中的行为表现影响着他们的自我意识，并逐渐影响着对自我的评价。

（二）性成熟带来性意识的萌发

性意识是关于性的心理因素的总称，包括个体对两性生殖器官在发育过程中所产生各种变化的认识、对男女关系的认识，对自己向往和爱慕异性那种比较特殊的感受或体验的领会和理解。

性意识的萌发是随着他们性机能的成熟、第二性征的出现和社会环境因素的影响产生的，是中学生心理发展的重要特征之一。综上所述，中学生性意识呈现如下特点：

（1）渴望了解性知识。

（2）对异性充满好奇和爱慕。

（3）在异性面前容易紧张和兴奋。

（4）性冲动和性欲望的出现。

指导中学生正确处理异性交往的方法包括培养健康交往意识，交往时做到落落大方；引导中学生广泛交往，交往时把握好深浅度；引导中学生有礼有节，交往时要端庄稳重；引导中学生把握好分寸，避免"早恋"的发生。

（三）人际关系发展的特点

中学生较突出的一个特征是渴望交往。一方面，他们心理自闭（闭锁性），不想对外吐露心声，独自承受着孤独和烦恼；另一方面，又想求得别人的理解和慰藉，这样就产生了交往欲望。在中学生的交往关系中，以同伴（学）交往关系为主要方面，其次是父（母）子关系和师生关系。

章节配套练习

1. [单选题] 初中生小孙近期心里很矛盾，觉得未来的自己应该成为一名科学家，但又觉得能力有限，遥不可及。根据埃里克森的人格发展理论，当前他的主要发展任务是（　　）。

　　A. 获得勤奋感　　　　　　　　B. 克服内疚感

　　C. 避免孤独感　　　　　　　　D. 建立同一性

2. [单选题] 在一次业务学习中，关于青春期的个体自我意识的发展进入什么阶段，教师们讨论很热烈，提出下列四种见解，其中正确的是（　　）。

　　A. 生理自我　　　　　　　　　B. 心理自我

　　C. 社会自我　　　　　　　　　D. 经验自我

3. [单选题] 当解出一道困扰自己许久的难题后，小明感到无比兴奋、激动。心理学将小明此时的情感体验称为（　　）。

　　A. 道德感　　　　　　　　　　B. 理智感

　　C. 美感　　　　　　　　　　　D. 幸福感

4. [单选题] 沙赫特与辛格的两因素情绪理论认为，对情绪产生起决定作用的因素是（　　）。

　　A. 环境　　　　　　　　　　　B. 生理

　　C. 刺激　　　　　　　　　　　D. 认知

5. [单选题] 李哲爱好广泛，恰逢本周六晚上既有足球赛，又有演唱会，他都想去。由于二者时间冲突，他很矛盾。李哲面临的冲突是（　　）。

　　A. 双趋式冲突　　　　　　　　B. 双避式冲突

　　C. 趋避式冲突　　　　　　　　D. 多重趋避式冲突

6. [单选题] 方华情绪兴奋快而强，容易冲动，而且常常是爆发式的，同时还伴随明显的外部表现。她的气质类型属于（　　）。

　　A. 胆汁质　　　　　　　　　　B. 多血质

　　C. 黏液质　　　　　　　　　　D. 抑郁质

7. [单选题] 梦佳理解了"物质决定意识，意识反作用于物质"的含义。按照皮亚杰的认知发展阶段理论，梦佳的思维发展水平处于（　　）。

　　A. 感知运动阶段　　　　　　　B. 前运算阶段

　　C. 具体运算阶段　　　　　　　D. 形式运算阶段

【参考答案】

1. D　2. B　3. B　4. D　5. A　6. A　7. D

第六模块

中学生心理辅导

第十六章　中学生心理辅导

知识模块	考点细化	单选题	辨析题	简答题	材料分析题	重要程度
心理健康概述	心理健康的概念	—	√	—	—	★
	中学生常见的心理健康问题	√	√	—	√	★★★
心理辅导	心理辅导的概念	√	—	—	—	★
	心理辅导的主要方法	√	—	—	—	★★★
	学校心理辅导	—	—	√	—	★

第一节　心理健康概述

一、心理健康的概念（辨析题）

心理健康是个体心理活动在自身及环境条件许可范围内所能达到的最佳功能状态。心理健康的个体能够充分发挥自己的最大潜能，妥善处理和适应人与人之间、人与社会环境之间的相互关系。它至少包括两层含义：一是无心理疾病；二是有一种积极发展的心理状态。

心理健康的概念具有相对性。一般来讲，心理健康具有以下标准：

（1）对现实的有效知觉。

（2）自知、自尊、自我接纳。

（3）自我调控能力。

（4）与人建立亲密关系的能力。

（5）人格结构的稳定与协调。

（6）生活热情、工作效率高。

二、中学生常见的心理健康问题（单选题、辨析题、材料分析题）

（一）焦虑症和考试焦虑

焦虑症是以与客观威胁不相适应的焦虑反应为特征的神经症。中学生中常见的焦虑反应是考试焦虑。其表现是随着考试临近，心情极度紧张。考试时注意力不集中，知觉范围变窄，思维刻板，出现慌乱，无法发挥正常水平。治疗焦虑症的方法有：

（1）采用肌肉放松、系统脱敏等方法。

（2）采用认知校正程序，指导学生在考试中使用正向的自我对话，如"我能应付这个考试。"

（3）锻炼中学生的性格，提高挫折应对能力。

（二）抑郁症

抑郁症是以持久的心境低落为特征的神经症。个体有过度的抑郁反应，通常伴随有严重的焦虑感。抑郁症的治疗方法有：

（1）首先要给当事人以情感支持与鼓励。

（2）采用合理情绪疗法，调整当事人消极的认知状态。

（3）积极行动起来，从活动中体验成功与愉快。

（4）服用抗抑郁药物。

（三）恐怖症

恐怖症是对特定的无实际危害的事物与场景的非理性的惧怕。恐怖症可分为单纯恐怖、广场恐怖和社交恐怖。中学生中社交恐怖较为常见，主要表现为：害怕在社交场合讲话，担心自己因双手发抖、脸红、声音颤抖、口吃而暴露自己的焦虑，觉得自己说话不自然，因而不敢抬头，不敢正视对方的眼睛。恐怖症的治疗方法有：

（1）系统脱敏法是治疗恐怖症的最常用方法。

（2）改善人际关系，营造宽松、自由的氛围，适当减轻当事人的压力。

（四）强迫症

强迫症包括强迫观念和强迫行为，强迫观念是指当事人身不由己地思考他不愿考虑的事情；强迫行为是指当事人反复去做他不希望执行的动作。强迫症主要表现为：

（1）强迫性计数。

（2）强迫性洗手。

（3）强迫性自我检查。

（4）刻板的仪式性动作或其他强迫行为。

强迫症的治疗方法包括：

（1）药物治疗。

（2）行为治疗。如暴露与阻止反应，主要用于控制当事人的刻板行为。

（3）建立支持性环境。

（4）森田疗法。强调放弃对强迫行为做无用控制的意图，而采取"忍受痛苦，顺其自然"的态度。

（五） 网络成瘾

网络成瘾是由过度地使用网络所导致的一种慢性或周期性的着迷状态并产生难以抗拒的再度使用的欲望，同时还会产生想要增加使用时间、耐受性提高、出现戒断反应等现象，对于上网所带来的快感会一直有心理与生理上的依赖。

治疗网络成瘾主要采取心理干预的手段。常用的几种心理干预法有：

（1）强化干预

在网络成瘾的干预中，奖励的使用条件是一旦发现成瘾学生有了减少上网的行为时，就给予奖励、表扬或肯定性评价。惩罚的使用条件是一旦发现成瘾学生上网时间增加时，立即给予处罚。处罚可以是物质性的，如取消其获得自己最想要的东西的权利；也可以是精神上的处罚，如校纪处分等。

（2）厌恶干预法

厌恶干预指采用惩罚性的厌恶刺激来减少或消除一些不良行为的方法，常用方法有橡皮圈拉弹法、不赞成干预、内隐致敏法等。

（3）转移注意力法

学校或班级通过组织各类有意义的文体活动，让成瘾中学生参与其中，从而转移注意力和减轻其对网络的迷恋程度。

（4）替代、延迟满足法

一方面，学校和老师要帮助学生培养替代活动（其感兴趣的课外活动）吸引其注意力，并弄清其上网习惯，然后使其反其道而行之，在原来上网的时间里做其他事情。另一方面，了解问题中学生的上网时间（起初要控制上网时间，不必绝对戒除），将其上网总时间列表，纳入周计划，在可以控制的前提下，逐步减少上网时间，最终实现戒除网络成瘾的目标。

（5）团体辅导法

将网络成瘾的中学生组合成一个团体，让富有经验的老师作为指导者，以团体动力理论为理论基础，综合运用团体咨询的原则和各种方法，达到使参加团队的成员整体戒除网瘾的目的。

对于中学生的网络成瘾，重点应是预防，而不只是对他们进行补救性矫治。

> **真题再现**
>
> 陈亮一想到明天要在课堂上宣读作文，就紧张不安，感到心跳加快、脸红、出冷汗。陈亮的这种表现属于（　　）。
>
> A. 抑郁　　　　　　　　　　　　B. 妄想
>
> C. 强迫　　　　　　　　　　　　D. 焦虑
>
> 【答案】D

第二节　心理辅导

一、心理辅导的概念（单选题）

心理辅导是指在一种新型的建设性的人际关系中，学校辅导教师运用其专业知识和技能，给学生以合乎其需要的协助与服务，帮助学生正确地认识自己，认识环境并依据自身条件，确立有益于社会进步与个人发展的生活目标，克服成长中的障碍，增强与维持学生心理健康，使其可以良好适应学习、工作与人际关系各个方面。

心理辅导的一般目标有两个：**第一是学会调适，**包括调节与适应；**第二是寻求发展。**学会调适是基本目标，以此为主要目标的心理辅导可称为调适性辅导；寻求发展是高级目标，以此为主要目标的心理辅导可称为发展性辅导。

二、心理辅导的主要方法（单选题）

（一）强化法（行为主义）

强化法可以用来培养新的适应行为。根据行为主义学习原理，一个行为发生后，如果紧跟着给出一个强化刺激，这个行为就可能再一次发生。

（二）系统脱敏法（行为主义）

系统脱敏法又称交互抑制法，是由美国学者沃尔帕（或翻译为沃尔朴）创立并发展的。系统脱敏的含义是当某些人对某事物、某环境产生敏感反应（害怕、焦虑、不安）时，我们可以在当事人身上发展起一种不相容的反应，使对本来可引起敏感反应的事物，不再发生敏感反应。

系统脱敏法包含三个步骤：第一，训练来访者松弛肌肉；第二，建立焦虑层次（从最轻微的焦虑到引起最强烈的恐惧依次安排）；第三，让来访者在肌肉松弛的情况下，从最低层次开始想象产生焦虑的情境，这样直到来访者能从想象情境转移到现实情境，并能在原引起恐惧的情境中保持放松状态，焦虑情绪不再出现为止。

（三）认知疗法（认知主义）

认知心理学家的核心主张是人的行为，与其说是对外界刺激的反应，不如说是对这些刺激的心理加工的结果。认知心理学家认为，一个人的想法、信念、期望、倾向以及对事件的解释会影响他的行为。具体来说，认知取向的治疗师主张症状是失调的认知，应分析病人现实的思维活动，找出错误的认知和评价，以正确的认知予以替代，逐渐消除病人适应不良的情绪和行为。理性—情绪疗法是一种比较典型的认知疗法。

理性—情绪疗法是 20 世纪 50 年代由美国心理学家艾利斯创立的一种认知疗法，也称合理情绪疗法，是认知心理治疗中的一种方法。

艾利斯提出了 ABC 理论，其中 A 是诱发性事件，B 是个体对该事件的看法，C 是个体的情绪和行为反应。他认为，情绪（C）不是由某一诱发性事件本身（A）引起的，而是由个体对这一事件的解释和评价（B）引起的。

可是许多人只注意 A 和 C 的关系，而忽略了 C 是由 B 造成的。B 如果是一个非理性的观念就会造成负向情绪。若要改善情绪状态，必须驳斥（D）非理性信念（B），建立新观念并获得正向的情绪效果（E），这就是浓厚教育色彩的心理治疗法。

非理性信念主要有三个特征：**第一，绝对化要求**，通常以"必须""应该"来表示；**第二，过分概括化**，即以一当十、以偏概全，对自己或他人有不合理的评价，稍有不足就认为一无是处、一钱不值；**第三，糟糕至极**，认为一件不好的事情如果发生了，将会非常可怕。

（四）来访者中心疗法（人本主义）

来访者中心疗法（也称咨客中心疗法、非指导性心理疗法，或译为患者中心疗法、求助者中心疗法）是美国人本主义心理学家**罗杰斯**在 1942 年创立的。来访者中心疗法是帮助来访者认识此时此地的现状。由于他缺乏自知，不能正确认识和处理当前环境的现状、拒绝感受当时的情感体验而产生病态焦虑，因此治疗的目的就是让求助者进行自我探索，了解与自我相一致的、恰当的情感，并用此情感体验来指导行动，也就是靠自己本身的力量来治疗自己存在的问题。

来访者中心疗法的特点主要有：

（1）以求助者为中心。

（2）将咨询视为一个转变过程。

（3）非指导性咨询的技巧。

三、学校心理辅导（简答题）

（一）在学校开展心理辅导的途径

（1）开展心理健康教育相关讲座，如心理卫生知识、青春期教育知识，向中学生传授、普及心理健康知识。

（2）结合班组、团队活动开展团体心理辅导。

（3）个别心理辅导或咨询。

（二）学校心理辅导的基本原则

1. 面向全体学生原则

心理辅导是面向全体中学生，为全体学生服务的，是为了促进中学生整体素质的提高和个性的发展。

2. 预防与发展相结合原则

心理辅导有预防功能，又有发展功能。预防是初级，发展是高级，二者结合能更好地实现心理辅导的目的。

3. 尊重与理解学生原则

尊重与理解中学生是心理辅导最基本的条件，也就是要尊重中学生的人格尊严，尊重与理解中学生的权利与选择。

4. 学生主体性原则

在心理辅导中承认和尊重中学生的主体地位，激发和调动中学生自我心理发展的自觉性和积极性。

5. 个别化对待原则

中学生有较大的差异性，因此心理辅导要根据学生的心理特点，采取因材施教的方法，个别化地对待每个中学生。

6. 整体性发展原则

心理辅导应以发展的眼光看待中学生的心理状况，教育活动必须立足于促进中学生的心理发展，而不仅限于心理健康的一般问题。

章节配套练习

1. [单选题] 小玲性格内向，平时不敢跟老师讲话，遇到疑难问题也没有勇气求助。偶然有一次，她向杨老师求教，杨老师耐心解答了问题，并及时表扬了她的行为。经过多次这样的教学交往，小玲学会了主动向老师请教问题。杨老师改变小玲行为的方法属于（　　）。

   A. 强化法

   B. 自控法

   C. 脱敏法

   D. 放松法

2. [单选题] 中学生小艾上学前总是反复检查书包，如果不检查，他就难受，明知该带的文具都带了，就是控制不住自己的行为。小艾存在的心理问题是（   ）。

A. 抑郁症

B. 焦虑症

C. 强迫症

D. 恐怖症

3. [单选题] 在对学生李刚网络成瘾的干预中，老师要求其在手腕上套一根橡皮筋，一旦感觉自己想上网就用力拉橡皮筋弹自己。这位老师所使用的方法是（   ）。

A. 强化干预法

B. 厌恶干预法

C. 转移注意法

D. 延迟满足法

4. [单选题] 张博近期经常失眠，食欲不振；不愿与同学和老师交往，对什么事情都不感兴趣，消极悲观；认为自己一无是处，未来没有希望。他存在的心理问题是（   ）。

A. 强迫症

B. 焦虑症

C. 抑郁症

D. 恐怖症

5. [单选题] 小红非常怕兔子，心理老师让她先看兔子的照片，谈论兔子，再让她远远观看关在笼中的兔子，之后靠近笼中的兔子，最后让她摸并抱起兔子，消除她对兔子的惧怕反应。这种行为演练的方法是（   ）。

A. 全身松弛法   B. 系统脱敏法

C. 自信训练法   D. 自我控制法

6. [单选题] 强调在真诚、理解的气氛中，依靠动员学生自身的潜力来治愈其心理障碍，这种心理治疗方法是（   ）。

A. 精神分析疗法   B. 行为主义疗法

C. 理性情绪疗法   D. 人本主义疗法

7. [单选题] 高三学生小辉因一次模拟考试失败，就认定自己考不上理想中的大学，感觉前途无望，根据理性情绪疗法原理，小辉的这种不合理信念属于（   ）。

A. 过分概括化   B. 相对化

C. 糟糕至极   D. 绝对化

8. ［单选题］美国临床心理学家阿尔伯特·艾利斯提出了认知的 ABC 情绪理论框架，其中 A 是指（   ）。

A. 事件的原因   B. 诱发性事件

C. 对事件的认知   D. 事件发生导致的结果

【参考答案】

1. A   2. C   3. B   4. C   5. B   6. D   7. C   8. B

有任何疑问或者建议

都可以扫码反馈哦~

第七模块

中学德育

第十七章　品德的形成与发展

知识模块	考点细化	单选题	辨析题	简答题	材料分析题	重要程度
品德概述	概念	√	—	—	—	—
	心理结构	√	√	√	—	★★★
品德发展理论	皮亚杰理论	√	—	√	—	★★
	科尔伯格理论	√	√	√	—	★★★
中学生品德的形成与发展	影响因素	√	—	√	—	—
	形成过程	√	—	√	—	★★
	培养	√	—	√	—	★

第一节　品德概述

一、品德的概念（单选题）

道德是由社会舆论和内心驱使来支持的、反映一定群体共同价值的社会行为规范的总和。**品德是道德品质的简称，是社会道德在个人身上的体现，是个体依据一定的社会道德行为规范行动时表现出来的比较稳定的心理特征和倾向。**它是社会道德准则在个人思想与行动中的体现，是个性中具有道德评价意义的核心部分。

二、品德的心理结构（单选题、辨析题、简答题）

品德的心理结构包括四种基本心理成分：道德认知、道德情感、道德意志和道德行为。

（一）道德认知

道德认知是对现实道德关系和道德规范的认识，包括道德印象的获得、道德概念的形成和道德思维能力的发展等。

（二）道德情感

道德情感是伴随着道德认识而产生的一种内心体验。道德情感从表现形式上看，主要包括以下三种：

（1）直觉的道德情感，即由于对某种具体的道德情境的直接感知而迅速发生的情感体验。

（2）想象的道德情感，即通过对某种道德形象的想象而发生的情感体验。

（3）伦理的道德情感，即以清楚地意识到道德概念、原理和原则为中介的情感体验。

（三）道德意志

道德意志是个体自觉地调节道德行为，克服困难，以实现预定道德目标的心理过程。

（四）道德行为

道德行为是个体在一定的道德认识指引和道德情感激励下所表现出来的对他人或社会具有道德意义的行为。它是道德观念和道德情感的外在表现，是衡量品德的重要标志。道德行为包括道德行为技能和道德行为习惯。

真题再现

衡量学生思想水平高低的根本标准是（　　）。

A. 道德认识 　　　　　　B. 道德意志

C. 道德情感 　　　　　　D. 道德行为

【答案】D

第二节　品德发展理论

一、皮亚杰品德发展阶段理论（单选题、简答题）

皮亚杰认为，儿童道德认知发展是儿童通过与环境相互作用将新知识与已有知识经验联系起来，对其所理解的经验不断建构来实现的。皮亚杰采用对偶故事法，研究儿童在面临一定的道德情境时，是如何对行为责任进行判断的。

根据研究结果，皮亚杰在他的《儿童道德判断》一书中将儿童道德认知发展划分为四个阶段，这四个阶段渐进更替，清晰展现了从他律到自律的发展脉络。

（一）自我中心阶段

5~6岁之前的儿童基本处于无规则阶段。规则对他们来说，还不具有约束力。他们的游戏活动只是个人独立活动的任意行为，与成人、同伴之间还没有形成合作关系。

（二）权威阶段

6~8岁的孩子对外在权威表现出绝对尊敬和顺从的愿望。一方面表现为他们认为服从、听话就是好孩子，否则就是错的，是坏孩子。另一方面表现为对规则本身的尊敬和顺从，即把成人规定的准则，看成是固定不变的，因而处于他律道德水平。这个阶段的儿童对行为的判断是根据客观效果，而不是考虑主观动机。

（三）可逆性阶段

9~10岁儿童把规则看作是同伴间的共同约定，是可以改变的。他们已经认识到同伴间的社会关系，认识到应尊重共同约定的规则，倾向于自觉地遵守，因而导致一定程度的自律。这标志着儿童道德认识开始形成。

（四）公正阶段

11～12 岁以后进入形式运算阶段的儿童倾向于以公道、公正作为判断是非的标准。这也意味着他们能够根据他人的具体情况，基于同情、关心来对道德情境中的事件做判断了。

二、柯尔伯格品德发展阶段理论（单选题、辨析题、简答题）

柯尔伯格通过道德两难故事来考察儿童和青少年对一系列结构化的道德情境中的事实进行判断和推理的情况。道德两难故事是指道德价值上具有矛盾冲突的故事，要求调查对象依据故事中的情节，在下述两者中进行选择：第一是遵守规则、法律和尊重权威人物；第二是为了满足人的需要，采取某些与这些规则和命令相冲突的行动。

柯尔伯格用道德两难故事测试了十几个国家 6～21 岁的被试。根据调查资料，通过研究，将儿童、青少年道德认知发展分为三水平六阶段，具体如下：

（一）前习俗水平

第一阶段：惩罚与服从取向阶段。儿童评定行为好坏着重于行为的结果，认为受赞扬的行为就是好的，受惩罚的行为就是坏的。

第二阶段：相对功利取向阶段。儿童评定行为好坏，主要看是否符合自己的要求和利益。所以第二阶段的观点经常被视为道德相对主义。

（二）习俗水平

第三阶段：寻求认可取向阶段。儿童认为，凡取悦于他人，帮助他人以满足其愿望的行为是好的，否则就是坏的（他们的推理是由众人的共同愿望和一致意见决定的）。

第四阶段：遵守法规取向阶段。儿童认为，正确的行为就是尽到个人责任，尊重权威，维护社会秩序，否则就是错误的（他们已经意识到良心与社会体系的重要性）。

（三）后习俗水平

第五阶段：社会契约取向阶段。儿童认为，道德法则只是一种社会契约，可以改变，不能以不变的规则去衡量人。

第六阶段：普遍伦理取向阶段。儿童已具有抽象的、以尊重个人和个人良心为基础的道德概念，认为个人一贯地依据自己选定的道德原则去做就是正确的。

柯尔伯格的道德发展模式给我们勾画出：道德发展是连续地按照不变的顺序由低到高逐步展开的过程，更高层次和阶段的道德推理兼容更低层次和阶段的道德推理方式；反之，则不能。各阶段的时间长短不等，个体的道德发展水平也有较大差异，有些人可能只停留在前习俗水平或习俗水平，而永远达不到后习俗水平的阶段。

第三节　中学生品德的形成与发展

一、影响品德发展的因素（单选题、简答题）

（一）外部因素

1. 家庭教育

（1）家庭的气氛。

（2）父母的表率作用。

（3）父母的态度与教养方式对孩子产生影响。

2. 学校教育

（1）校风和班风的影响（潜移默化）。

（2）教师教书育人的方式、方法及模范作用。

（3）学校的德育课程和各科教学。

3. 社会风气

（1）社会主流和非主流价值观念。

（2）电视节目、各种广告、网络等大众传媒。

（3）社会名流、英雄事迹等榜样作用。

4. 同伴群体

（1）正式的班集体。

（2）非正式的小团体等。

（二）内部因素

1. 认知失调

认知失调这个理论是由费斯汀格提出的。费斯汀格认为，认知失调给个体造成心理压力，使之处于不愉快的紧张状态。当认知不平衡或不协调时，内心就会有不愉快或紧张的感受，个体就试图通过改变自己的观点或信念，以达到新的平衡。认知失调可能有四种原因：逻辑的矛盾、文化价值冲突、观念的矛盾、新旧经验相悖。可以说，认知失调是态度和品德改变的先决条件。

2. 态度定势

态度定势是指个体由于过去的经验，对所面临的人或事可能会具有某种肯定或否定、趋向或回避、喜好或厌恶等内心倾向性。态度定势常常支配着人对事物的预期与评价，如学生对教师有消极的态度定势，则教师的教诲与要求可能会成为耳旁风，甚至引发冲突。帮助学生形成对教师、对集体的积极的态度定势或心理准备是使学生接受道德教育的前提。

3. 道德认识

品德的形成与改变取决于个体头脑中已有的道德准则和规范的理解水平及掌握程度，取决于已有的道德判断水平。实施道德教育时，不应只注意道德教育的形式，进行道德说教，而应结合学生的实际生活和切身体验，晓之以理。

此外，个体的智力水平、受教育程度、年龄等因素也对态度与品德的形成与改变产生不同程度的影响。

二、品德形成的一般过程（单选题、简答题）

（一）依从

依从包括**从众和服从**两种。从众是指人们对于某种行为要求的依据或必要性缺乏认识与体验，跟随他人行动的现象。服从是指在权威命令、社会舆论或群体气氛的压力下，放弃自己的意见而采取与大多数人一致的行为。处于依从阶段的品德，其水平较低，但却是一个不可缺少的阶段，是品德建立的**开端**环节。

（二）认同

认同是指在思想、情感、态度和行为上主动接受他人的影响，使自己的态度和行为与他人相接近。与依从相比，认同更深入一层，它不受外界压力控制，行为具有一定的自觉性、主动性和稳定性等特点。

（三）内化

内化是指在思想观点上与他人的思想观点一致，将自己所认同的思想和自己原有的观点、信念融为一体，构成一个完整的价值体系。

> **真题再现**
>
> 国强认为欺负弱小是不可取的、不道德的，因此，他在生活中总是能自觉杜绝这样的行为，这说明其品德发展处于（　　）。
>
> A. 依从阶段　　　　　　　　B. 内化阶段
> C. 自主阶段　　　　　　　　D. 外化阶段
>
> 【答案】B

三、品德的培养（单选题、简答题）

（一）有效的说服

教师经常应用言语来说服学生改变态度，在说服的过程中，教师要向学生提供某些证据或信息，以支持或改变学生的态度。对于理解能力有限的低年级学生，教师最好只提供正面论据，以免学生产生困惑，无所适从。对于理解能力较强的高年级学生，教师可以考虑提供正反两方面的论据，使学生产生客观、公正的感觉，从而相信教师所言，改变态度。

教师的说服不仅要以理服人，还要以情动人。一般而言，说服开始时，富于情感色彩的说服内容容易引起人的兴趣，然后用充分的材料进行说理论证，比较容易产生稳定的、长期的说服效果。对于低年级的学生来说，情感因素作用更大些。

（二）树立良好的榜样

班杜拉的社会学习理论以及大量的实践经验都证明，社会学习是通过观察、模仿而完成的，而品德作为社会学习的一项内容，也可以通过观察、模仿榜样的行为而习得。

（三）利用群体约定

经集体成员共同讨论决定的规则、协定，对其成员有一定的约束力，使其承担执行的责任。一旦某成员出现越轨或违反约定的行为，则会受到其他成员的有形或无形的压力，迫使其改变态度。教师可以利用集体讨论后做出集体约定的方法来改变学生的态度。

（四）角色扮演

角色扮演有助于学生处于一种真实的情境中，形成解决问题的愿望和对参与的理解，产生移情、同情、愤怒及爱慕等情感，在此基础上再进行分析和讨论。

（五）价值辨析

研究者认为，人的价值观刚开始不能被个体清醒地意识到，必须经过一步步地辨别和分析，才能形成清晰的价值观念并指导自己的道德行动。在价值观辨析的过程中，教师引导学生利用理性思维和情绪体验来检查自己的行为模式，鼓励他们努力发现自身的价值观，并根据自己的价值选择来行事。

（六）给予恰当的奖励与惩罚

奖励和惩罚作为外部的调控手段，不仅影响着认知、技能或策略的学习，而且对个体的品德的形成也起到一定的作用。

章节配套练习

1. ［单选题］学生能相信并接受他人的观点，从而改变自己的态度与行为，再将这些观点纳入自己的价值体系。这说明其品德发展到了（　　）。
   A. 服从阶段　　　　　　　　　B. 依从阶段
   C. 认同阶段　　　　　　　　　D. 内化阶段

2. ［单选题］方雨认为社会法制应符合社会大众权益，当它不符合时就应该修改。根据柯尔伯格理论，方雨处于道德发展的（　　）阶段。
   A. 服从与惩罚　　　　　　　　B. 社会契约
   C. 维护权威或秩序　　　　　　D. 普遍伦理

3. ［单选题］小青常在课堂上玩手机，小娜提醒小青学校规定课堂上不能玩手机，可小青不听，因此小娜认为小青不是好学生。根据柯尔伯格道德发展理论，小娜的道德发展处于（　　）阶段。

A. 惩罚和服从　　　　　　　　B. 相对功利

C. 遵守法规　　　　　　　　　D. 道德伦理

4. ［单选题］刘老师与学生一起讨论"网络语言的危害"，形成了"拒绝网络语言"的认识，共同提出相应的具体要求并被全班同学所认可。这种品德培养方法是（　　）。

A. 有效说服　　　　　　　　　B. 树立榜样

C. 群体约定　　　　　　　　　D. 价值辨析

5. ［单选题］小霞能根据他人的具体情况，以平等为标准，在同情、关心的基础上对同学学习和生活中的道德事件进行判断。根据皮亚杰的理论，晓霞的道德发展处于（　　）。

A. 自我中心阶段　　　　　　　B. 权威阶段

C. 可逆阶段　　　　　　　　　D. 公正阶段

6. ［单选题］在柯尔伯格的有关儿童道德判断发展阶段的研究中，服从与惩罚取向阶段属于（　　）。

A. 习俗水平　　　　　　　　　B. 前习俗水平

C. 后习俗水平　　　　　　　　D. 权威水平

7. ［单选题］根据皮亚杰的道德发展阶段论，（　　）的儿童对行为的判断主要根据客观结果，而不考虑主观动机。

A. 自我中心阶段　　　　　　　B. 权威阶段

C. 可逆性阶段　　　　　　　　D. 公正阶段

8. ［单选题］态度与品德形成过程经历的第二阶段是（　　）。

A. 遵从　　　　　　　　　　　B. 接受

C. 认同　　　　　　　　　　　D. 内化

9. ［单选题］上学路上，徐燕看到一个同学正艰难地推着一位坐轮椅的老人上斜坡路，她非常感动。这种道德情感属于（　　）。

A. 动作性道德情感体验　　　　B. 形象性道德情感体验

C. 想象性道德情感体验　　　　D. 伦理性道德情感体验

【参考答案】

1. D　2. B　3. C　4. C　5. D　6. B　7. B　8. C　9. B

第十八章　德　育

知识模块	考点细化	单选题	辨析题	简答题	材料分析题	重要程度
德育概述	概念	√	—	—	—	—
	意义	√	—	—	—	—
	内容	√	√	√	—	★★
德育过程	概述	√	√	—	—	—
	结构和矛盾	√	—	—	—	★
	基本规律	√	√	√	√	★★★
德育原则、方法与途径	德育原则	√	—	√	√	★★★
	德育方法	√	—	√	√	★★★
	德育途径	√	—	√	—	★★
德育模式	认知模式	√	—	—	—	—
	体谅模式	√	—	—	—	—
	社会模仿模式	√	—	—	—	—
	价值澄清模式	√	—	—	—	—

第一节　德育概述

一、德育的概念（单选题）

广义的德育是教育者依据特定社会要求和德育规律，对受教育者实施有目的、有计划的影响，培养他们特定的政治思想意识和道德品质的活动。广义的德育包括**家庭德育、学校德育和社会德育**等形式。

狭义的德育则专指学校德育，即教育者根据一定社会或阶级的要求和受教育者品德形成发展的规律与需要，有目的、有计划、有组织地对受教育者施加社会思想道德影响，并通过受教育者品德内部矛盾运动，以使其形成教育者所期望的品德的活动。

二、德育的意义（单选题）

第一，德育是社会主义现代化建设的重要条件和保证。

第二，德育是青少年健康成长的条件和保证。

第三，德育是实现教育目的的条件和保证。

三、德育的内容（单选题、辨析题、简答题）

（一）政治教育

政治教育主要是按照特定国家的政治观和社会对公民的一般要求，对公民进行系统的政治理论教育和法制教育以及社会行为规范教育。

（二）思想教育

思想教育是有关人生观、世界观以及相应思想观念方面的教育，包括辩证唯物主义和历史唯物主义世界观和人生观教育、革命理想和革命传统教育、劳动教育、自觉纪律教育。

（三）道德教育

道德教育注重受教育者的良好个性塑造培养，包括有关道德知识学习、传统美德教育、审美及情操教育、社会公德教育，以及道德思维能力、道德情感、信念以及良好的行为习惯形成等。

（四）心理健康教育

心理健康教育是指通过对学生进行心理健康知识的教育和训练，培养学生良好的心理素质，预防心理障碍和心理疾病的发生，促进学生身心全面和谐发展。心理健康教育的内容主要分三个方面，即学习辅导、生活辅导和择业指导。

真题再现

我国学校德育包括的三个基本组成部分是（　　）。

A. 思想教育、品德教育和纪律教育　　　B. 政治教育、道德教育和公民教育

C. 道德教育、政治教育和思想教育　　　D. 道德教育、政治教育和纪律教育

【答案】C

第二节　德育过程

一、德育过程的概述（单选题、辨析题）

（一）德育过程的概念

德育过程是教育者和受教育者双方借助于德育内容和方法进行施教传道和受教修养的统一活动过程，是促使受教育者道德认识、道德情感、道德意志和道德行为提升的过程，是个体社会化与社会规范个体化的统一过程。

（二）德育过程与品德形成过程的关系

1. 区别

德育过程是教育者根据社会发展提出的要求，依据学生的特点，以适当的方式调动受教育者的主观能动性，从而将相应的社会规范转化为学生品德，不断提高学生的道德水平。

2. 联系

德育只有遵循人的品德形成发展规律，才能促进人的品德的形成发展，而人的品德的形成发展也离不开德育因素的影响。

品德形成过程是受教育者思想道德结构不断完善的过程，是人的发展过程。品德形成不仅受德育过程影响，还会受生理的、社会的、主观的和实践的等多种因素的影响。

二、德育过程的结构和矛盾（单选题）

（一）德育过程的结构

1. 教育者

教育者是德育过程的组织者、领导者，是一定社会德育要求和思想道德的体现者，在德育过程中起主导作用。教育者包括直接的和间接的个体教育者和群体教育者。

2. 受教育者

受教育者包括受教育者个体和群体，他们都是德育的对象。在德育过程中，受教育者既是德育的客体，又是德育的主体。当作为德育对象时，他是德育的客体；当接受德育影响、进行自我品德教育和对其他德育对象产生影响时，他是德育的主体。

3. 德育内容

德育内容是用以形成受教育者品德的社会思想政治准则和法纪道德规范，是受教育者学习、修养和内在化的客体。学校德育的基本内容是根据学校德育目标和学生品德形成发展规律确定的，它具有一定范围和深浅层次。

4. 德育方法

德育方法是教育者施教传道和受教育者受教修养的相互作用的活动方式的总和，它凭借一定的手段进行。教育者借助一定的德育方法将德育内容作用于受教育者，受教育者借助一定的德育方法来学习、修养、内化德育内容，从而将其转化为自己的品德。

（二）德育过程的矛盾

德育过程的矛盾是指德育过程中各要素之间和各要素内部各方面之间的对立统一关系。它包括教育者和受教育者，教育者和德育内容、方法的矛盾，受教育者与德育内容、方法的矛盾。**德育过程中的基本矛盾是教育者提出的德育要求与受教育者已有品德水平之**

间的矛盾。这个矛盾需要通过向学生传授一定的社会思想和道德规范，引导他们进行道德实践，把他们从原来的品德水平提高到教师所要求的新的品德水平上来解决。

三、德育过程的基本规律（单选题、辨析题、简答题、材料分析题）

（一）学生的知、情、意、行诸因素统一发展的规律

品德是由知、情、意、行共同构成的，因此，培养学生品德的德育过程，就是培养四种品德心理因素并使之协调发展的过程。

知即道德认知，是人们对是非、善恶的认识和评价，以及在此基础上形成的道德观念。道德认知包括道德知识和道德判断两个方面。道德认知是品德形成的基础。

情即道德情感，是人们对客观事物作是非、善恶判断时引起的内心体验，表现为人们对客观事物的爱憎、好恶的态度。道德情感是产生道德行为的内部动力，是实现知行转化的催化剂。

意即道德意志，是人们为实现一定的道德行为所做出的自觉而顽强的努力。道德意志是调节品德行为的精神力量。

行即道德行为，是通过实践或练习形成的，实现道德认识、情感，以及由道德需要产生的道德行为动机定向及外部表现。道德行为是衡量一个人品德水平的重要标志。

培养品德心理因素的过程或顺序，一般来说，是沿着知、情、意、行的内在顺序，以知为开端，以行为终结向前发展的，但由于社会生活的复杂性，德育影响的多样性，我们不必恪守一种开端或一般教育程序，可以根据学生的年龄特征、个性差异以及品德发展的具体情况选择多种开端、多种教育程序。

（二）学生思想内部矛盾转化规律（是教育和自我教育的统一）

德育过程既是社会道德内化为个体思想品德的过程，又是个体品德外化为社会道德行为的过程。要实现这"两化"必然伴随着一系列的思想矛盾和斗争。

要实现矛盾向教育者期望的方向转化，外因是条件，内因是根据。教育者要给受教育者创造良好的外因，又要了解受教育者的心理矛盾，促使其积极接受外界的教育影响，有效地形成新的道德品质。

德育过程也是教育和自我教育的统一过程，教育者要注意提高受教育者自我教育的能力。

（三）学生在活动和交往中形成思想品德规律

学生的思想品德是在社会交往活动中形成的，没有社会交往就没有社会道德。活动和交往是品德形成的源泉，教育性活动和交往是德育过程的基础。

德育过程中的活动和交往具有以下特点：

（1）具有引导性、目的性和组织性。

（2）不脱离学生学习这一主导活动及学生的主要交往对象——教师和同学。

（3）具有科学性和有效性，德育过程中的活动和交往按照学生品德形成发展规律和教育学、心理学原理组织的，能更有效地影响学生品德的形成。

（四）学生思想品德形成的长期性、反复性和前进性规律

1. 德育过程是一个长期的过程

在德育过程中，知、情、意、行的培养和提高绝非一朝一夕之功，需要通过长期的训练、积累才能实现。在意识形态领域里，不同的思想斗争长期存在，必然会反映到学生思想中来，这就决定了德育过程必然是一个长期的过程。

2. 德育过程是一个反复的过程

青少年学生正处于成长时期，世界观尚未形成，思想很不稳定。学生品德过程中的反复是不断深化的过程。这就要求教师要正确认识和对待这种现象，耐心细致地教育学生，并引导学生在反复中逐步前进。

3. 德育过程是一个不断前进的过程

德育过程长期、反复、渐进性的特点要求教育者必须持之以恒、耐心细致地教育学生，要正确认识和对待学生思想行为的反复，善于反复抓、抓反复，引导学生在反复中不断前进。

真题再现

"动之以情，晓之以理，导之以行，持之以恒"的做法主要反映了哪一德育过程规律？（　　　）

A. 德育过程是具有多种开端的对学生知、情、意、行的培养提高过程

B. 德育过程是促进学生思想内部矛盾斗争的过程

C. 德育过程是组织学生活动与交往，统一多方面教育影响的过程

D. 德育过程是长期的、反复的、逐步提高的过程

【答案】A

第三节　德育原则、方法与途径

一、德育原则（单选题、简答题、材料分析题）

（一）德育原则的概念

德育原则是教育者对青少年学生进行德育必须遵循的基本要求，是处理德育工作中的

基本矛盾、关系的准则或指导思想，或称之为德育工作的方法论。

（二）中学德育的基本原则

1. 导向性原则

导向性（方向性）原则是指德育工作要有一定的理想性和方向性，指导学生向正确的方向发展。这一原则是社会主义学校德育区别于剥削阶级学校德育的根本标志。

贯彻这一原则的要求包括：

（1）坚持正确的政治方向。

（2）德育目标必须符合新时期的方针政策和总任务的要求。

（3）把理想和现实结合起来。

2. 疏导性原则

疏导性原则是指进行德育要循循善诱，以理服人，从提高认识入手，调动学生的主动性，使他们积极向上。

贯彻这一原则的要求包括：

（1）讲明道理，疏导思想。

（2）因势利导，循循善诱。

（3）以表扬激励为主，坚持正面教育。

3. 知行统一原则

知行统一原则（也称理论与实际相结合的原则）是指教育者在德育过程中，既要重视对学生进行系统的思想道德的理论教育，又要重视组织学生参加实践锻炼，将提高认识和行为养成结合起来，使学生言行一致、表里如一。

贯彻这一原则的要求包括：

（1）加强思想道德的理论教育。用马克思列宁主义基本观点和社会主义基本道德规范来武装学生，提高学生的思想道德认识。

（2）组织和引导学生参加各种社会实践活动，促使他们在接触社会的实践活动中加深认识，增强情感体验，养成良好的行为习惯。

（3）对学生的评价和要求要坚持知行统一原则。

（4）教育者要以身作则，严于律己，言行一致。

4. 尊重信任学生与严格要求学生相结合原则

尊重信任学生与严格要求学生相结合原则是指进行德育要把对学生个人的尊重和信赖与对他们的思想和行为的严格要求结合起来，使教育者对学生的影响与要求易于转化为学生的品德。

贯彻这一原则的基本要求包括：

（1）爱护、尊重和信赖学生。

（2）教育者对学生提出的要求要合理正确、明确具体和严宽适度。

（3）教育者要督促学生按照要求认真执行。

5. 教育的一致性和连贯性原则

教育的一致性与连贯性原则是指进行德育应当有目的、有计划地把来自各方面对学生的教育影响加以组织、调节，使其相互配合、协调一致、前后连贯地进行，以保障学生的品德能按教育目的的要求发展。

贯彻这一原则的要求包括：

（1）统一学校内部各方面的教育力量。

（2）统一社会各方面的教育影响。

（3）德育要有计划和系统地进行。

6. 因材施教原则

因材施教原则是指教育者在德育过程中，应根据学生的年龄特征、个性差异以及思想品德发展的实际现状，根据他们的年龄特征和个性差异进行不同的教育，使每个学生的品德都能得到最好的发展。

贯彻这一原则的要求包括：

（1）深入了解学生的个性特点和内心世界。

（2）根据学生个人特点有的放矢地进行教育，努力做到"一把钥匙开一把锁"。

（3）根据学生的年龄特征有计划地进行教育。

7. 长善救失原则

长善救失原则（发扬积极因素，克服消极因素原则）是指在德育过程中，要充分调动学生自我教育的积极性，依靠和发扬学生的积极因素去克服他们的消极因素，促进学生的道德成长。

贯彻这一原则的要求包括：

（1）要"一分为二"地看待学生。

（2）发扬积极因素，克服消极因素。

（3）引导学生自觉评价自己，进行自我教育。

8. 集体教育与个别教育相结合原则

集体教育与个别教育相结合原则（平行主义德育原则）是指在德育过程中，教师既要通过集体的力量教育个别学生，又要通过对个别学生的教育影响集体，把集体教育和个别教育辩证地统一起来。

贯彻这一原则的要求包括：

（1）要组织和建设好集体。

（2）既要通过集体教育学生个人，又要通过学生个人的力量影响和转变集体。

真题再现

"一把钥匙开一把锁"体现的德育原则是（　　）。

A. 理论联系实际　　　　　　B. 长善救失

C. 教育影响的一致性　　　　D. 因材施教

【答案】D

二、德育方法（单选题、简答题、材料分析题）

（一）德育方法的概念

德育方法是为达到德育目的，在德育过程中采用的教育者和受教育者相互作用的活动方式的总和。它包括教育者的施教传道方式和受教育者的受教修养方式。

（二）中学德育方法

1. 说服法

说服法是借助语言和事实，通过摆事实、讲道理，使学生提高认识，形成正确观点的方法，具体方法包括讲解、谈话、报告、讨论、参观等。说服法是社会主义学校对学生进行德育的基本方法。

运用说服法时要注意以下几点：

（1）明确的目的性。

（2）富有知识性、趣味性。

（3）注意时机。

（4）以诚待人。

2. 榜样法

榜样法是以他人的高尚思想、模范行为和卓越成就来影响学生品德的方法。榜样包括伟人的典范、教育者的示范、学生中的好榜样等。

运用榜样法时要注意以下几点：

（1）选好学习的榜样。

（2）激起学生对榜样的敬慕之情。

（3）引导学生用榜样来调节行为，提高修养。

3. 锻炼法

锻炼法是有目的地组织学生进行一定的实际活动，以培养他们的良好品德的方法。锻炼包括练习、委托任务和组织活动等。锻炼法的主要功能在于培养学生的优良行为，养成良好的品德习惯，增强品德意志，从而培养品德践行能力。

运用锻炼法时要注意以下几点：

（1）坚持严格要求。

（2）调动学生的主动性。

（3）注意检查和坚持。

4. 陶冶法

陶冶法是教育者自觉创设良好的教育情境，潜移默化地培养学生品德的方法。陶冶法包括人格感化、环境陶冶和艺术陶冶。人格感化是教育者以自身的品德和情感为情境对学生进行的陶冶。环境陶冶是指要为学生创设良好的情境，包括美观清洁的校园、明亮整洁的教室，有秩序、有节奏的教学活动和作息安排等。艺术陶冶是指通过生活中的音乐、美术、舞蹈、雕塑、诗歌、影视等艺术熏陶学生，给学生以美的感受，使学生从中获得启发，受到陶冶与教育。

运用情感陶冶法的具体要求是：

（1）创设良好的教育情境。教育者要在加强自身修养的同时注意校园文化建设，丰富校园文化生活，形成良好的班风和校风。

（2）组织学生积极参与情境创设。

（3）与启发说服相互结合。

5. 品德评价法

品德评价法（表扬、奖励与批评、处分）是教育者根据一定的要求和标准，对学生的思想品德进行肯定或否定的评价，促使其发扬优点、克服缺点，督促其不断进步的一种方法。

表扬一般分为赞许和表扬两种方式。奖励一般包括颁发奖状、奖品，授予称号等。处分一般包括警告、记过、留校察看和开除学籍。

6. 修养法

修养法是在教师指导下学生经过自觉学习、自我反思和自我行为调节，使自身品德不断完善的一种重要方法，具体包括学习、座右铭、立志、自我批评、慎独等。修养法可以增强学生的主体意识，促进其自我意识及其自我修养能力的提高，调动他们自主接受教育的积极性。

真题再现

张校长特别重视学校文化建设，提出"让学校的每一面墙都开口说话"，以此来促进学生品德的发展。张校长强调的德育方法是（　　）。

A．陶冶法　　　　　　　　　B．示范法

C．锻炼法　　　　　　　　　D．说服法

【答案】A

三、德育途径（单选题、简答题）

德育途径是指学校教育者对学生实施德育时可供选择和利用的渠道，又称为德育组织形式。我国中小学德育途径是广泛多样的，其中主要包括：

（一）政治课与其他学科教学

这是学校有目的、有计划、系统地对学生进行德育的基本途径。

（二）课外活动与校外活动

这是生动活泼地向学生进行德育的一个重要途径，不受教学计划限制，让学生根据兴趣、爱好自愿选择参加，自主地组织、开展丰富多彩的活动。

（三）劳动

这是学校进行德育，尤其是劳动教育的重要途径。通过劳动，培养学生爱劳动和勤俭朴实、艰苦顽强等品德。

（四）共青团活动

通过共青团活动，能激发学生的上进心和荣誉感，使他们能严格要求自己，提高思想觉悟，培养良好品德。

（五）班主任工作

班主任的基本任务是带好班级，教好学生。对学生进行品德教育是班主任的一项重要职责和任务。班主任工作是学校实施德育的重要途径。班主任要把集体教育和个别教育结合起来。

以上几条德育途径各有各的特点与功能，它们相互联系，相互补充，构成了德育途径的整体。学校应全面利用各个德育途径的作用，使其科学地配合起来，以便发挥德育途径最大的整体功能。

第四节　德育模式

德育模式实际上是在德育实施过程中，德育理念、德育内容、德育手段、德育方法、德育途径等的有机组合方式。当代影响较大的德育模式有认知模式、体谅模式、社会模仿模式和价值澄清模式。

一、认知模式（单选题）

道德教育的认知模式是当代德育理论中流行最为广泛、占据主导地位的德育学说，由瑞士学者皮亚杰提出，而后由美国学者柯尔伯格进一步深化。认知模式假定人的道德判断力按照一定的阶段和顺序从低到高不断发展，道德教育的目的就在于促进儿童道德判断力的发展及其行为的发生。

二、体谅模式（单选题）

道德教育的体谅模式形成于 20 世纪 70 年代，是英国学校德育学家彼得·麦克费尔和他的同事共同创立的。与认知性道德发展模式强调道德认知发展有所不同，体谅模式把道德情感的培养置于中心地位，引导学生学会关心，学会体谅，围绕人际—社会情境问题开展道德教育。

三、社会模仿模式（单选题）

社会模仿模式主要由美国的班杜拉创立，该模式认为人与环境是一个互动体，人既能对刺激作出反应，也能主动地解释并作用于情境。他认为，人类不必事事经过直接反应，亲身体验强化，而只需要通过观察他人在相同环境中的行为，从他人行为获得强化，进行体验学习。所以，建立在替代基础上的观察学习是人类学习的重要形式，是品德教育的主要渠道。

四、价值澄清模式（单选题）

价值澄清模式的代表人物有美国的拉斯、哈明、西蒙等人。这种模式着眼于价值观教育，试图帮助人们减少价值混乱并通过评价过程促进统一的价值观的形成。其目的是通过选择、赞扬和实践过程来增进赋予理智的价值选择。

章节配套练习

1. [单选题] 在德育过程中，体现马克思主义"一分为二"辩证法认识学生的德育原则的是（　　）。

    A. 发扬积极因素与克服消极因素相结合

    B. 理论与实践相结合

    C. 集体教育与个别教育相结合

    D. 严格要求与尊重学生相结合

2. [单选题] 教师引导学生选择有针对性的格言、箴言作为座右铭来自励、自警、自律，使其获得教益的德育方法是（　　）。

    A. 说服教育法　　　　　　　　B. 个人修养法

    C. 环境陶冶法　　　　　　　　D. 品德评价法

3. [单选题] "夫子循循然善诱人，博我以文，约我以礼，欲罢不能"体现的德育原则是（　　）。

    A. 思想性原则　　　　　　　　B. 疏导性

    C. 连贯性　　　　　　　　　　D. 一致性

4. [单选题] "寓德育于教学之中，寓德育于活动之中，寓德育于教师榜样之中，寓德育于学生自我教育之中，寓德育于管理之中"，这体现了德育过程是（　　）。

    A. 培养学生知、情、意、行的过程

    B. 促进学生思想内部矛盾斗争发生的过程

    C. 长期的反复的逐步提高的过程

    D. 组织学生活动交往、统一多方面教育影响的过程

5. [单选题] 学校有目的、有计划、系统地对学生进行德育的基本途径是（　　）。

    A. 政治课与各学科教学　　　　B. 课外活动

    C. 班主任工作　　　　　　　　D. 共青团活动

6. [单选题] 班主任王老师刚刚接手一个新的班级，这个班有纪律涣散、学风懈怠的情况。王老师首先运用板报、墙壁等媒介做好舆论宣传，建立良好的班风，同时以真诚的爱感化学生，促使学生积极进取。一个学期下来，该班班风、学风焕然一新。李老师运用的主要德育方法是（　　）。

    A. 个人修养法　　　　　　　　B. 榜样示范法

    C. 实践锻炼法　　　　　　　　D. 情感陶冶法

7. [单选题] 班主任王老师在"每月一星"活动中，将表现好、进步大的学生照片

贴在"明星墙"上以示奖励。王老师运用的德育方法是（　　）。

A. 说服教育法   B. 实际锻炼法

C. 品德评价法   D. 情感陶冶法

8. ［单选题］在学校文化建设中，"让学校里的每一面墙壁都开口说话"。这体现的德育方法是（　　）。

A. 说服教育法   B. 实际锻炼法

C. 情境陶冶法   D. 自我修养法

【参考答案】

1. A　2. B　3. B　4. D　5. A　6. D　7. C　8. C

第八模块

中学班级管理与教师心理

第十九章　班主任工作与班级管理

知识模块	考点细化	单选题	辨析题	简答题	材料分析题	重要程度
班级管理	概述	√	—	—	—	—
	班级管理	√	—	—	—	★
	班集体	√	—	√	√	★★
班主任与班级管理	概念	√	—	—	—	—
	地位和作用	√	—	√	—	★★
	素质要求	—	—	√	—	★
	工作内容	√	—	√	√	★★★
课外、校外教育	概念	√	—	—	—	—
	意义	—	—	√	—	—
	主要特点	√	—	√	—	—
	主要要求	√	—	—	—	—
	主要内容	—	—	√	—	—
	组织形式	√	—	√	—	—

第一节　班级管理

一、班级概述（单选题）

（一）班级的概念

班级是一个复杂的小社会体系，是学校行政体系中最基层的行政组织。它通常由教师、一群学生及环境组成，通过师生交互影响的过程实施教育教学活动，以实现教育教学目标。**班级是开展教学活动的基本单位**，是学校为实现一定的教育目的，将年龄和知识程度相近的学生编班分级而形成的，有固定人数的基本教育单位。

（二）班级组织的发展

16世纪，随着资本主义工商业的发展和科技的进步，教育对象范围的扩大和教学内容的增加，需要一种新的教学组织形式，班级组织应运而生。

17世纪，捷克教育家夸美纽斯总结前人和自己的实践经验，在其代表作《大教学论》

中对班级组织进行了论证，从而奠定了班级组织的理论基础。此后，班级组织在欧洲许多国家的学校中逐步推广。

19 世纪初，英国学校中出现了"导生制"，对班级组织的发展产生了巨大的推动作用。

中国首次采用班级组织形式是在 1862 年清政府开办的京师同文馆。20 世纪初废科举、兴学校之后，全国各地的学校开始采用班级组织形式。

二、班级管理（单选题）

（一）班级管理的概念

班级管理是指教师根据一定的目的要求，采用一定的手段措施，带领班级学生，对班级中的各种资源进行计划、组织、协调、控制，以实现教育目标的组织活动过程。

（二）班级管理的功能

（1）有助于实现教学目标，提高学习效率。

（2）有助于维持班级秩序，形成良好班风。

（3）有助于锻炼学生能力，学会自治自理。

（三）班级管理模式

1. 常规管理

班级常规管理是指通过制定和执行规章制度来管理班级的经常性活动。班级的规章制度是学生学习、工作、生活必须遵守的行为准则，它具有管理、控制和教育的作用。

2. 平行管理

班级平行管理是指班主任既通过对集体的管理去间接影响个人，又通过对个人的直接管理来影响集体，从而把对集体和个人的管理结合起来的管理方式。**马卡连柯**认为，教师若要影响个别学生，首先要影响学生所在的这个班级，然后通过集体与教师一起去影响这个学生，这样就会产生巨大的教育力量。

3. 民主管理

班级民主管理是指成员在服从班集体的正确决定和承担责任的前提下，参与班级全程管理的一种管理方式。班级民主管理的实质是在班级管理的全过程中，调动学生自我教育的力量，发挥每一个学生的主人翁精神，使人人都积极主动地参与班级事务，让每个学生都成为班级的主人。

4. 目标管理

班级目标管理是指班主任与学生共同确定班级总体目标，然后转化为小组目标和个人目标，使其与班级总体目标融为一体，形成目标体系，以此推动班级管理活动，实现班级目标的管理方法。

目标管理是由美国管理学家**德鲁克**提出的，其理论的核心是将传统的监控式的管理方式转变为强调自我、自控的管理方式，是一种以自我管理为中心的管理，目的是更好地调动被管理者的积极性。

三、班集体（单选题、简答题、材料题）

（一）班集体的概念

班集体是按照班级授课制的培养目标和教育规范组织起来的，以共同学习活动和直接性人际交往为特征的社会心理共同体。

（二）班集体的特征

（1）明确的共同目标。

（2）健全的组织结构。

（3）共同的生活和活动准则。

（4）班级成员之间平等、心理相容的气氛。

（三）班集体的发展阶段

1. 初建期的松散群体阶段

这一阶段是班集体的雏形期，班集体的基本特征已经出现。这时的班集体特征还不稳定，还不时会受到挑战，班级的奋斗目标和行为规范尚未完全变成学生的自觉行动。班级处于组建之中，成员间互不认识，每位学生只是按照课表进入同一教室上课，或根据班主任统一安排参加共同活动而已。学生彼此之间处在新奇而互相观察的状态，对班主任的依赖性较强，班级工作主要由班主任主持。因此，这是班主任工作最繁忙的一个时期，也是班主任工作能力经受考验的关键期。

2. 形成期的合作群体阶段

这一阶段是班集体开始稳定发展的时期。师生之间、学生之间有了一定的了解，产生了一定的情谊与信任，班集体的核心初步形成，班集体的特征已经比较鲜明地表现出来，并逐渐趋向稳定。

3. 成熟期的集体阶段

这一阶段是班集体发展趋向成熟的时期。集体的特征得到了充分而完全的体现，并被集体成员所内化。全班已成为一个组织健全的有机整体，整个班级洋溢着一种平等、和谐、上进、合作的心理气氛，学生积极参加班级活动，个性特长得到发展。

（四）班集体的形成与培养

1. 确立班集体的发展目标

一个班集体只有具有共同的目标，才能使班级成员在认识上和行动上保持统一，才能推动班集体的发展。

2. 建立班集体的核心队伍（班干部、积极分子）

一个良好的班集体会有一批团结在教师周围的积极分子，他们是带动全班学生实现集体发展目标的核心。

3. 建立班集体的正常秩序

班集体的正常秩序是维持和控制学生在校生活的基本条件，是教师开展工作的重要保证。班级的正常秩序包括必要的规章制度、共同的生活准则以及一定的活动节律。

4. 组织形式多样的教育活动

班集体是在全班学生参加各种教育活动中逐步成长起来的，各种教育活动使每个学生可以为班集体出力并展示自己的才能。

5. 培养正确的班级舆论和良好的班风

正确的班级舆论是一种巨大的教育力量，是形成、巩固班集体和教育集体成员的重要手段。良好的班风一旦形成，会无形地支配集体成员的行为，它是一种潜移默化的教育力量。

第二节　班主任与班级管理

一、班主任的概念（单选题）

班主任是班集体的组织者和领导者，是贯彻国家教育方针，促进学生全面健康成长的骨干力量。**教育部印发的《中小学班主任工作规定》中指出**"班主任是中小学日常思想道德教育和学生管理工作的主要实施者，是中小学生健康成长的引领者，班主任要努力成为中小学学生的人生导师"。

二、班主任在班级管理中的地位和作用（单选题、简答题）

（一）班主任是班级建设的设计者

班主任是班级建设的主帅，对教育对象个体来说，班主任的职能可归结为"灵魂工程师"；但对教育对象群体来说，班主任更多时候是班集体的缔造者和设计者。

班级建设的设计是指班主任根据学校的整体办学思想，在主客观条件许可的范围内所提出的相对理想的班级模式，它包括班级建设的目标、实现目标的途径、具体方法和工作程序。其中，又以班级建设目标的制定为最重要的环节。

班级目标是指在一定时期内班级所期望达到的境界。班级目标的设计，主要依据两方面的因素：一是国家的教育方针政策，学校的培养目标；二是班级群体的现实发展水平。

（二）班主任是班级组织的领导者

学校对学生进行教育教学工作是以班级为单位的，一个良好的班集体具有强大的教育功能，但它不是自发形成的，而是依赖于班主任的领导与组织。在班级管理中，特别是在达成班级目标方面，班主任的领导才能显得非常重要。

1. 班主任的领导影响力

班主任在班级管理中的领导影响力主要表现在两个方面：一是班主任的权威、地位、职权，这些构成了班主任的**职权影响力**；二是班主任的个性特征与人格魅力，这些构成了班主任的**个性影响力**。

班主任职权影响力的实施要依据一定的组织法规和一定的群体规范，具体分为：一是国家的教育法令、学制、教育方针及学校的课程、教学计划、规章制度等；二是班级的目标、规范、舆论、纪律及班风等。

班主任的个性影响力取决于三个方面：一是班主任自身对教育工作的情感体验；二是对学生产生积极影响的能力；三是高度发展的控制自己的能力。

班主任的职权影响力与个性影响力具有一定的相对独立性，同时又是密切相关的。

2. 班主任的领导方式

班主任的领导方式一般可分为三种类型：**权威型、民主型和放任型**。

采用权威型领导方式的班主任侧重于在领导与服从的关系上实施影响，由教师自身对班级施行无条件的管理，严格监督学生执行教师所提出的要求的过程与结果。

采用民主型领导方式的班主任比较善于倾听学生的意见，在领导班级的过程中，不是以直接的方式管理班级，而是以间接的方式引导学生。

采用放任型领导方式的班主任主张对班级管理不要过多地干预，以容忍的态度对待班级生活中的冲突，不主动组织班级活动。

（三）班主任是班级人际关系的艺术家

班级是存在于学校中的一个特殊的社会组织。教育从本质上说就在于建立个人、集体与社会的实际联系，以保证个人的社会化。因此，研究班级中的交往行为，指导学生形成良好的人际关系是班主任的重要使命之一。

班主任在研究班级人际关系、指导学生的交往活动时要注意以下方面：

（1）要把学生作为交往的主体，研究学生交往需要及能力的差异性，指导学生正确认识周围的人，懂得如何避免和解决冲突，建立积极的交往环境。

（2）设计内容充实、频率高的交往结构，即根据班级活动的目的、任务及学生的特点，形成一个相互渗透、交互作用的多渠道、多层次、多维度的交往网络。

（3）要在与学生的交往中建立相互间充满信任的关系。

三、班主任素质的要求（简答题）

由于工作责任重大，因此对班主任的素质提出了很高的要求。

（一）具有高尚的思想品德

班主任应有崇高的社会主义品德、饱满的工作热情、永不止息的进取精神，言行一致、表里如一，能为人师表。

（二）具有坚定的教育信念

班主任只有树立坚定的教育信念，才能在工作中不畏困难的曲折，顽强而耐心地工作，收获辛劳的硕果。

（三）具有家长的心肠

班主任待学生要像家长对待孩子一样，兼严父与慈母二任于一身。

（四）具有较强的组织能力

一名合格的班主任必须善于计划和组织学生的各种活动；能根据情况的变化迅速做出决定、采取措施、进行调整，在工作中表现出魄力；能令行禁止，坚定地引导学生积极开展活动，不断前进。

（五）具有多方面的兴趣与才能

青少年活泼爱动，每个学生都有自己的兴趣与爱好，因此需要开展多种多样、丰富多彩的活动，这就要求班主任应具有多方面的兴趣与才能。

（六）要善于待人接物

班主任为了教好学生，要与家长、任课老师、校外辅导员和有关社会人士联系和协作，因此要善于待人接物。

四、班主任的工作内容（单选题、简答题、材料题）

（一）了解和研究学生

学生是班集体的主人，但学生的发展又存在着差异，班主任要教育好学生，就得先了解和研究学生，这是做好班级工作的先决条件。了解和研究学生的内容主要有两个方面：一方面是了解和研究班集体；另一方面是了解和研究学生个人。

了解和研究学生，要注意全面性、经常性和发展性。全面性就是要全面地看待学生，既看到学生的优点，也看到学生的不足；既看到校内的表现，也要看到校外的表现。经常性就是要把了解和研究学生作为班主任的常规工作，充分利用一切场合条件，做到常抓不懈。发展性就是要用发展的观点看待学生，既要看到学生的过去，也要看到学生的现在，还要预见到学生的未来。

（二）组织和培养班集体

组织和培养班集体是班主任工作的中心环节。

（三）做好个别教育工作

1. 优秀生的教育工作

优秀生一般指在班级中德、智、体、美诸方面发展比较好的学生。这类学生在班集体中是骨干，是班主任和教师的得力助手，在学生中有威信、有影响。因此，优秀生的培养和教育对班集体建设关系重大。

2. 后进生的转化教育工作

后进生通常是指那些智力发育正常，由于错误的教育学习方法导致学习成绩较差的学生。后进生人数虽少，而对班级的消极影响大，如果不做好后进生的转化工作，班级正常教学秩序以及日常生活常规就会受到影响。

（四）协调好各方面的教育力量

1. 充分发挥本班任课教师的作用

班主任要在班上养成尊师爱生的风气；要定期联系本班任课教师，经常互通情况；调节各学科教育负担，妥善做出全面的安排。

2. 协助和指导班级团队活动

班主任要协助团队组织制定工作计划，班级工作计划与团队组织计划要步调一致；帮助团队组织落实计划，为他们创造活动的条件；帮助团队干部提高思想认识和工作能力。

3. 争取和运用家庭和社会教育力量

班主任要定期对学生家庭进行访问，举行家长座谈会，接待家长来访，了解家长和学生的全面情况；充分利用家长的教育资源，将家长的各种教育条件转化为共同搞好班级工作的教育力量；争取校外各种积极的教育因素，以此弥补学校教育的不足。

（五）操行评定

操行评定是以教育目的为指导思想，以学生守则为基本依据，对学生一个学期内在学习、劳动、生活、品行等方面的小结与评价。

操行评定的一般步骤包括：学生自评；小组评议；班主任评价；信息反馈。

班主任做好操行评定应注意实事求是和公平客观；全面地看待学生的进步，适当指出他们的不足；评语简明、具体、贴切，秉承激励性原则，严禁使用伤害学生情感的措辞。

（六）做好班主任工作计划的制定和总结

班主任工作计划的制定和总结是班级工作不可缺少的环节，是班主任工作达到预定目的的重要保证。

第三节　课外、校外教育

一、课外、校外教育的概念（单选题）

课外、校外教育是指在课程计划和学科课程标准以外，利用课余时间，对学生施行的各种有目的、有计划、有组织的教育活动。由学校、班级组织实施的课余教育活动，称作课外教育。由校外教育机构领导和组织的课余教育活动，如少年宫、青少年科技活动站等组织的课余教育活动，称作校外教育。

二、课外、校外教育的意义（简答题）

第一，课外、校外教育有利于学生开阔眼界，获得知识。
第二，课外、校外教育是对少年儿童因材施教，发展个性特长的广阔天地。
第三，课外、校外教育有利于发展学生智力，培养学生的各种能力。
第四，课外、校外教育是进行德育的重要途径。

三、课外、校外教育的主要特点（单选题、简答题）

（一）自愿性

在课外、校外教育中，学生可以根据自己的兴趣爱好和现有知识水平选择参加不同的活动。教师的职责是尽可能地创造条件，组织多种多样的活动供学生选择，并对不同的学生给予启发引导，指导他们参加适宜的活动。

（二）灵活性

课外、校外教育活动的具体内容是根据课外、校外活动的目的，从现有设备条件、辅导教师的特点、能力以及学生的不同需要出发确定的。活动的组织形式也是多种多样的，它包括小组活动、群众性的调查参观、竞赛讲演、个人活动等。无论是活动的内容，还是活动的形式，都体现了灵活性。

（三）实践性

课外、校外教育活动注重学生的实践环节。在活动中，学生的知识和技能主要通过自己设计、动手获得；经由辅导教师获得的知识和技能，学生可运用到实践当中来验证它的科学性，这样也就培养了学生的实践能力。

四、课外、校外教育实施的主要要求（单选题、简答题）

学校教学工作是教育学生的基本途径，与此同时，课外、校外教育也是教育学生的重要途径，二者缺一不可。课外、校外教育在实施过程中有如下要求：首先，要有明确的目的。其次，活动内容要丰富多彩，形式要多样化，要富于吸引力。最后，发挥学生的积极性和主动性，并与教师的指导相结合。

五、课外、校外教育的主要内容（简答题）

（一）社会实践活动

社会实践活动是指学生在教师指导下，走出教室，参与社区和社会实践，以获得直接经验，发展实践能力，增强社会责任感。

（二）学科活动

学科活动是以学习和研讨某一学科的知识或培养某一方面的能力为主要目的的活动。

（三）科技活动

科技活动是以让学生学习和了解科技知识为目的的课外、校外活动。

（四）文学艺术活动

文学艺术活动主要是培养学生对文艺的爱好和发展学生文艺方面的才能。

（五）体育活动

体育活动的主要目的是发展学生的体力，增强他们的体质，训练他们的运动技能，培养他们吃苦耐劳的精神和对体育运动的兴趣，并尽可能满足体育爱好者的需要，及早发现和培养体育专业人才。

（六）社会公益活动

社会公益活动的主要目的是培养学生的劳动观念和劳动习惯，使他们养成热爱劳动、热爱劳动人民、尊重劳动成果的优良品质，并使其掌握生产劳动基本知识、技能，提高他们的劳动技术素质。

（七）课外阅读活动

课外阅读活动是指学生在课堂教学范围之外，学生根据自己的兴趣爱好或某一方面的需要进行的一种自觉的读书活动。课外阅读的目的在于扩大学生的知识视野，使他们及时接触和吸收新知识，培养他们的自学能力和思维能力。

六、课外、校外教育的组织形式（单选题、简答题）

（一）群众性活动

群众性教育活动是一种面向多数或全体学生的带有普及性质的活动。活动的规模常根据活动的目的、内容而定。参加这种活动的人数较多，可以在短时间内使较多的学生受到教育，同时对活跃学校生活，创造某种气氛和一定的声势有很大的作用。群众性活动的方式有集会活动，竞赛活动，参观、访问、游览和调查，文体活动，墙报和黑板报，社会公益劳动和主题系列活动等。

（二）小组活动

小组活动是课外、校外教育活动的主要形式。小组活动以自愿组合为主，根据学生的兴趣、爱好和学校的具体条件，进行有目的、有计划的经常性活动。小组活动的特点是自愿组合、小型分散、灵活机动。课外、校外活动小组大致分为学科小组、劳动技术小组、文艺小组和体育小组等。

（三）个别活动

个别活动是指学生在教师指导下，在课外、校外单独进行的活动。

章节配套练习

1. [单选题] 马卡连柯作为苏联杰出的教育家，他提出班级管理中应该把集体和个人的管理结合起来。他所提倡的这种管理模式称为（　　）。
   A．班级常规管理　　　　　　　　B．班级平行管理
   C．班级民主管理　　　　　　　　D．班级目标管理

2. [单选题] 在班级管理过程中，采取班干部轮换和值日生制这种模式属于（　　）。
   A．班级平行管理　　　　　　　　B．班级民主管理
   C．班级目标管理　　　　　　　　D．人性化管理

3. [单选题] 班主任、教师的领导方式中，最佳的领导方式是（　　）。
   A．权威型　　　　　　　　　　　B．民主型
   C．放任型　　　　　　　　　　　D．师友型

4. [单选题]"如果教育家希望从一切方面去教育人，那么就必须首先从一切方面去了解人。"乌申斯基的这段话告诉我们，要做好班主任工作必须（　　）。
   A．尊重和关爱学生　　　　　　　B．了解和研究学生
   C．做好个别学生的教育工作　　　D．培养良好的班风

5. [单选题] 班主任在班级管理体制中的领导影响力主要表现在两个方面，一是（　　），二是（　　）。
   A．职权影响力，个性影响力　　　B．个性影响力，学术影响力
   C．年龄影响力，职权影响力　　　D．职权影响力，学术影响力

6. [单选题] 班集体形成的重要标志是（　　）。
   A．选择和培养班干部　　　　　　B．组织多样的教育活动
   C．形成正确的集体舆论　　　　　D．确立班集体的奋斗目标

7. [单选题] 课外活动的具体内容是根据课外活动的目的，从现有设备条件、辅导教师的特点、能力及学生的不同需要出发确定的。这说明课外活动具有（　　）的特点。

A. 广泛性　　　　　　　　　　B. 灵活性

C. 自愿性　　　　　　　　　　D. 自主性

8. [单选题] 某学校少先队开展以倡导"光盘行动，节约粮食"为主题的系列活动，这体现了少先队活动的（　　）。

A. 教育性　　　　　　　　　　B. 自主性

C. 趣味性　　　　　　　　　　D. 实践性

【参考答案】

1. B　2. B　3. B　4. B　5. A　6. C　7. B　8. D

第二十章　课堂管理

知识模块	考点细化	单选题	辨析题	简答题	材料分析题	重要程度
课堂管理概述	概念与功能	√	—	—	—	★★
	影响因素	√	—	√	—	
课堂群体管理	概述	√	—	—	—	★
	正式群体与非正式群体	√	√	—	—	★
	群体动力	√	—	—	—	★★
课堂纪律管理	概念	√	—	—	—	—
	分类	√	—	—	—	★★★
	发展阶段	√	—	—	—	★★
	课堂结构与纪律	√	—	—	—	—
	维持策略	√	—	√	—	★

第一节　课堂管理概述

一、课堂管理的概念与功能（单选题）

课堂管理是指教师为有效利用时间、创造愉快的和富有建设性的学习环境以及减少问题行为，而采取的组织教学、设计学习环境、处理课堂行为等一系列活动与措施。

其功能主要体现在以下几个方面：

（一）维持功能

维持功能是指课堂管理能够在课堂教学中持久地维持良好的学习环境，有效地排除各种干扰因素，使学生充分参与到学习活动。维持功能是课堂管理的基本功能。

（二）促进功能

促进功能是指良好的课堂管理能够增强、提升课堂教学的效果，促进学生的学习。

（三）发展功能

发展功能是指课堂管理本身可以教给学生一些行为准则，促进学生从他律走向自律，帮助学生获得自我管理能力，使学生逐步走向成熟。

二、影响课堂管理的因素（单选题、简答题）

（1）教师的领导风格。

（2）班级的规模。

（3）班级的性质。

（4）对教师的期望。

第二节 课堂群体管理

一、群体概述（单选题）

（一）群体的概念

单独活动的个人是个体。两个人或两个人以上，为了达到共同的目标，以一定的方式联系在一起进行活动的人群就是群体。就群体规模来看，群体可以小到同居一室的两个人，也可以大到民族和国家。

（二）群体的特征

（1）目标与规范。

（2）组织与沟通。

（3）群体心理与群体凝聚力。

（三）群体的心理功能

1. 归属功能

个体一旦明确自己是属于某个群体的，就能免除孤独与怯懦，获得安全感。

2. 认同功能

认同是指人们对其所喜欢和崇拜的对象的某些思想和行为的赞同和模仿。

3. 支持功能

当学生的思想、观点、情感与行为等得到学校群体的肯定与鼓励时，个体就获得了一种支持的力量，就会增强其进一步努力的信心，成为其前进的动力。

4. 塑造功能

上述群体对个体的归属、认同与支持功能其实最后都可以归结为一个功能，即人才培养或人格塑造功能。

二、正式群体与非正式群体（单选题、辨析题）

（一）正式群体

正式群体是指在校行政部门、班主任或社会团体的领导下，按一定章程组成的学生群体。

班级、小组、少先队等都属于正式群体。正式群体的目标与任务明确，成员稳定，有一定的组织纪律和工作计划，对增强集体凝聚力起到非常重要的作用。教师在管理正式群体时，要注意以下几点：第一，要选好班级正式群体中的领导；第二，注意引导和支持；第三，适当授权，鼓励学生的自主管理。

（二）非正式群体

在同伴交往过程中，一些由学生自由结合、自发形成的小群体，被称为非正式群体。它是同伴关系的一种重要形式。非正式群体具有这样一些特点：成员之间相互满足心理需要；成员之间具有强烈的情感联系和较强的凝聚力，但有可能存在排他性；成员之间受共同的行为规范和行动目标的支配，行为上具有一致性；成员的角色和数量不固定。

非正式群体对学生个体和正式群体既有积极影响，也有消极影响。教师在管理非正式群体时，一要摸清非正式群体的性质；二要对积极的非正式群体给予鼓励和帮助；三要对消极的非正式群体给予适当的引导和干预。

（三）正式群体与非正式群体的协调

课堂管理必须注意协调正式群体和非正式群体的关系。首先，要不断巩固和发展正式群体，使班内学生之间形成共同的目标和利益关系，产生共同遵守的群体规范，并以此协调大家的行动，满足成员的归属需要和彼此之间的相互认同，从而使班级成为坚强的集体。其次，要正确对待非正式群体，在支持、保护积极型非正式群体的同时，还要对消极型的非正式群体给予教育、引导和改造，必要时应依据校规、法律加以惩处或制裁。

三、群体动力（单选题）

（一）群体凝聚力

群体凝聚力是指群体对成员的吸引力和成员之间的相互吸引力。它可以通过群体成员对群体的忠诚、责任感、荣誉感、成员间的友谊感和志趣等表现出来。凝聚力常常成为衡量一个班集体成功与否的重要标志。

（二）群体规范

群体规范是约束群体内成员的行为准则。群体规范会形成群体压力，对学生的心理和行为产生极大的影响，还可能导致从众现象发生。群体规范通过从众使学生保持认知、情感和行为上的一致，并为学生的课堂行为划定方向和范围，成为引导学生行为的指南。

（三）课堂气氛

课堂气氛是指在课堂上占优势地位的态度和情感的综合状态。它具有独特性，不同的课堂往往有不同的气氛，即使是同一课堂，也会形成不同教师的气氛区。

按照秩序、参与、交流三个指标为依据，可以把课堂气氛划分为三种主要类型：积极型课堂气氛、消极型课堂气氛和对抗型课堂气氛。

（1）积极型课堂气氛。

积极型课堂气氛是恬静与活跃、热烈与深沉、宽松与严谨的有机统一。

（2）消极型课堂气氛。

消极型课堂气氛通常是紧张拘谨、心不在焉、反应迟钝。

（3）对抗型课堂气氛。

对抗型课堂气氛是一种失控的气氛，学生过度兴奋、各行其是、随便插嘴、故意捣乱。

积极型课堂气氛不但有助于知识的学习，而且还能促进学生的社会化进程。课堂气氛也会使许多学生追求某种行为方式，从而导致学生之间发生连锁性的感染。所以创造良好的课堂气氛是实现有效教学的重要条件。

为了营造积极的课堂气氛，需要做好以下几方面工作：

（1）建立和谐的课堂人际关系，这是创设良好课堂气氛的基础。

（2）灵活运用各种教学方法。

（3）采用民主的领导方式。

（4）给予学生合理的期望。

真题再现

"学生过度兴奋、各行其是、随便插嘴、故意捣乱"等词语描述的是哪类课堂气氛类型表现？（　　　）

A. 积极型　　　　　　　　B. 消极型

C. 对抗型　　　　　　　　D. 顺从型

【答案】C

第三节　课堂纪律管理

一、课堂纪律的概念（单选题）

课堂纪律是指为保障或促进学生的学习而设置的行为标准及施加的控制。良好的课堂纪律是课堂教学得以顺利进行的重要保障条件，有助于维持课堂秩序，减少学生学习过程中受到的干扰，也有助于学生获得情绪上的安全感。

二、课堂纪律的分类（单选题）

根据形成途径，课堂纪律一般可分为四类：**教师促成的纪律、集体促成的纪律、任务促成的纪律、自我促成的纪律。**

1. 教师促成的纪律

教师促成的纪律即在教师的指导帮助下形成的班级行为规范。刚入学的儿童往往需要较多的监督和指导，其课堂纪律主要是由教师制定的。随着年龄的增长和自我意识的增强，学生开始反对教师的过多限制，对教师促成的纪律的要求降低，但它始终是课堂纪律中的一个重要类型。

2. 集体促成的纪律

集体促成的纪律即在集体舆论和集体压力的作用下形成的群体行为规范。从儿童入学开始，同辈人的集体在促进儿童社会化方面就开始发挥越来越重要的作用。随着年龄的增长，学生受同伴群体的影响会越来越大，开始以同辈群体的集体要求和价值判断作为自己的行为准则，以"别人也都这么干"为理由而做某件事情。

3. 任务促成的纪律

任务促成的纪律即某一具体任务对学生行为提出的具体要求。在日常学习过程中，每项学习任务都有它特定的要求，或者说特定的纪律，如课堂讨论、野外观察、制作标本等。

4. 自我促成的纪律

自我促成的纪律简单说就是自律，是在个体自觉努力下由外部纪律内化而成的个体内部约束力。自我促成的纪律是课堂纪律管理的最终目标。

三、课堂纪律的发展阶段（单选题）

课堂纪律的形成不是一蹴而就的，往往要经历一个发展过程。国外学者参照柯尔伯格道德发展的阶段理论，将不同年龄阶段儿童的纪律发展水平划分为如下几个阶段：**反抗行为阶段、自我服务行为阶段、人际纪律阶段、自我约束阶段。**

1. 反抗行为阶段

5 岁之前的儿童多处于这一阶段。处于这一阶段的儿童，他们的行为中经常表现出对抗性，拒绝遵循指示、要求，需要他人给予大量关注。在学校教育阶段，也有一些学生处于这一水平，表现为当被教师盯住时，他们会表现得中规中矩，但是稍微不注意，就会失去控制。

2. 自我服务行为阶段

5~7 岁的儿童多处于这一阶段。这一阶段的学生是以自我为中心的，但是在课堂上比较容易管理，因为他们所关心的是行为后果"对我意味着什么"，是奖励还是惩罚。处于这一阶段的学生很少具有自我纪律感，他们可能在这节课上表现得很好，而在另一节课上失去自我控制。

3. 人际纪律阶段

大多数中学生处于这一阶段。该阶段的学生，以建立融洽的同学关系为行为取向，他们做出的行为往往与"我怎样才能取悦你"联系在一起。处于这一阶段的学生形成了一种纪律感，你让他们安静下来，他们就会安静；他们基本上不借助强力的纪律来约束自己，但需要轻微的提示。

4. 自我约束阶段

处于这一阶段的学生以自我管理为表现。他们能够明辨是非，理解遵守纪律的意义，也能够做到自我约束。处于这一阶段的学生并不赞赏武断纪律。在课堂上，如果某些学生逼迫教师花很多时间处理纪律问题，会使他们感到厌烦。

四、课堂结构与课堂纪律（单选题）

学生、学习过程和学习情境是课堂的三大要素，它们的相对稳定的组合模式就是课堂结构。课堂结构又可分为课堂情境结构和课堂教学结构。

（一）课堂情境结构

1. 班级规模的控制

班级过大容易限制师生交往和学生参加课堂活动的机会，阻碍课堂教学的个别化有可能导致课堂出现较多的纪律问题。

2. 课堂常规的建立

课堂常规是每个学生必须遵守的最基本的日常课堂行为准则，赋予学生的课堂行为以一定的意义，使学生明白行为所依据的价值标准，具有约束和指导学生课堂行为的功能。

3. 学生座位的分配

关于学生座位的分配，一方面要考虑课堂行为的有效控制，预防纪律问题的发生；另一方面又要考虑促进学生间的正常交往，形成和谐的师生关系。

（二）课堂教学结构

1. 教学时间的合理利用

学生在课堂内的活动可以分为学业活动、非学业活动和非教学活动三种类型。在日常活动中，学生用于学业活动的时间越多，学业成绩越好。

2. 课程表的编制

课程表是使课堂教学有条不紊进行的重要条件。课程表的编制既要将核心课程安排在学生精力最充沛的时间，又要注意不同性质学科的交错安排。

3. 教学过程的规划

教学过程的合理规划是维持课堂纪律的又一个重要条件，不少纪律问题就是因教学过程的规划不合理造成的。

五、维持课堂纪律的策略（单选题、简答题）

（一）建立有效的课堂规则

课堂规则是课堂成员应遵守的课堂基本行为规范和要求。建立积极、有效的课堂规则可以从以下几个方面考虑：

（1）由教师和学生充分讨论，共同制定。

（2）尽量少而精，内容表述多以正面引导为主。

（3）及时制定、引导与调整课堂规则。

（二）合理组织课堂教学

（1）增加学生参与课堂的机会。

（2）保持紧凑的教学节奏，合理布置学业任务。

（3）处理好教学活动之间的过渡。

（三）做好课堂监控

教师应能及时预防或发现课堂中出现的一些纪律问题，并采取言语提示、目光接触等方式提醒学生注意自己的行为。

（四）培养学生的自律品质

促进学生形成和发展自律品质，是维持课堂纪律的最佳策略之一。

（1）对学生提出明确的要求，加强课堂纪律的目的性教育。

（2）引导学生对学习纪律持正确、积极的态度，产生积极的纪律情感体验，进行自我监控。

（3）集体舆论和集体规范是促使学生自律品质形成和发展的有效手段。

章节配套练习

1. [单选题] 中学生小华和几个同学为了参加全省航模大赛，组成了航模小组。他们为了在大赛中表现出色，达成了共识：牺牲各自的一些课余休息时间，放弃了各自的一些爱好，以规范自己的参赛行为。这种情况下，小组成员遵循的纪律属于（　　）。
   A. 教师促成　　　　　　　　B. 群体促成
   C. 任务促成　　　　　　　　D. 自我促成

2. [单选题] 作为教学的一部分，课堂管理能够教给学生一些行为准则，并促使学生行为从他律转变为自律。这说明课堂管理具有（　　）。
   A. 维持功能　　　　　　　　B. 缓冲功能
   C. 发展功能　　　　　　　　D. 解释功能

3. [单选题] 小玲和她的同学都非常喜欢自己的学校，在很多方面都能很好地与学校保持一致，这体现了群体的哪种功能？（　　）
   A. 归属功能　　　　　　　　B. 支持功能
   C. 认同功能　　　　　　　　D. 塑造功能

4. [单选题] 数学课上，学生由于惧怕教师而出现了紧张、拘谨、反应被动、心不在焉等现象。这种课堂气氛属于（　　）。

A. 积极型　　　　　　　　　　B. 对抗型

C. 消极型　　　　　　　　　　D. 失控型

5. ［单选题］初二（5）班的学生在课堂上非常注意自己在老师心目中的形象，希望老师喜欢他们，该班学生的纪律发展处于（　　）。

A. 人际纪律阶段　　　　　　　B. 自我服务阶段

C. 自我约束阶段　　　　　　　D. 相互协调阶段

6. ［单选题］下午第一节是数学课，小陈同学由于昨晚失眠，上课昏昏欲睡，为了避免落下知识点，小陈举手示意，经过老师同意后主动带好书本站到教室最后一排开始听课。这种情境下形成的纪律属于（　　）。

A. 教师促成的纪律　　　　　　B. 集体促成的纪律

C. 任务促成的纪律　　　　　　D. 自我促成的纪律

7. ［单选题］人们在活动中自发形成的，基于社会交往的需要，依照好恶感，心理相容与不相容等情感关系，未经任何权力机构承认或批准形成的群体被称为（　　）。

A. 正式群体　　　　　　　　　B. 小型群体

C. 任务型群体　　　　　　　　D. 非正式群体

【参考答案】

1. C　2. C　3. C　4. C　5. A　6. D　7. D

有任何疑问或者建议

都可以扫码反馈哦~

第二十一章　教师心理

知识模块	考点细化	单选题	辨析题	简答题	材料分析题	重要程度
教师的心理特征	职业心理特征	√	—	—	—	★★
	行为特征	√	—	—	√	★★★
	威信	—	—	√	√	—
教师心理健康	概念与标准	√	—	√	—	—
	职业压力	√	—	—	—	★
	心理与问题行为	√	—	—	—	★★
	心理健康维护	—	—	√	—	★★

第一节　教师的心理特征

一、教师的职业心理特征（单选题）

（一）教师的认知特征

教师是在知识含量高的教育领域从事职业活动的人，职业的成功有赖于教师良好的知识结构和教学能力。

1. 教师的知识结构

教师知识分类见表21-1。

表21-1　教师知识分类

研究者	教师知识分类
舒尔曼	学科内容知识、一般教学法知识、课程知识、学科教学法知识、有关学生的知识、有关教育情境的知识、其他课程知识
斯滕伯格	内容知识、教学法的知识、实践的知识
申继亮、辛涛	本体性知识、实践性知识、条件性知识

2. 教师的教学能力

一般认为，教师的教学能力应包括组织和运用教材的能力、言语表达能力、组织教学的能力、对学生学习困难的诊治能力、教学媒体的使用能力、教育机智等。申继亮等人采用内隐理论的研究范式，对教师的教学能力进行了系列研究，把教师的教学能力分成以下几个方面：

（1）教学认知能力。

教学认知能力是指教师对所教学科的定理发展和概念等的概括化程度，以及对所教学生的心理特点和自己所使用的教学策略的理解程度。

（2）教学操作能力。

教学操作能力是指教师在教学中使用策略的水平，其水平高低主要看他们是如何引导学生掌握知识、积极思考、运用多种策略解决问题的，它是教师课堂教学能力的集中体现。

（3）教学监控能力。

教学监控能力是指教师为了保证教学达到预期的目的而在教学的全过程中，将教学活动本身作为意识对象，不断对其进行积极主动的计划、检查、评价、反馈、控制和调节的能力。

（二）教师的人格特征

1. 职业信念

教师的职业信念是指教师对成为一个成熟的教育教学专业工作者的向往和追求，它为教师提供了奋斗的目标，是推动教师成长的巨大动力。

（1）教学效能感。

教学效能感一般指教师对自己影响学生行为和学习结果的能力的一种主观判断。这种判断会影响教师对学生的期待和对学生的指导，从而影响教师的工作效率。

（2）教学归因。

教学归因是指教师对学生学习结果的原因的解释和推测，这种解释和推测所获得的观念必然会影响其自身的教学行为。

2. 职业性格

盖兹达等人的研究认为，优秀教师性格品质的基本内核是"促进"。所谓"促进"是指一个人对他人的行为有所帮助。其具体包括提高他人的学习能力，增强其自尊心和自信心，缓和其焦虑感，提高其果断性以及形成并巩固其待人处世的积极态度。

二、教师的行为特征（单选题、材料分析题）

（一）教师的教学行为

教学是教师有目的、有计划、有组织地对学生传道、授业、解惑的行为，教学行为是在教师自我监控下的一种有选择的技术，也就是说，它是依据在教学实践中积累起来的有关教学的经验、知识而形成的一整套操作技巧。

（二）教师的期望行为

教师通过行为表达出来的对学生的期望，是影响学生发展的一种教学行为。这种影响称为**教师期望效应**，也称为罗森塔尔效应或皮格马利翁效应。

三、教师的威信（简答题、材料分析题）

（一）教师威信的内涵及其作用

教师的威信是教师的人格、能力、学识及教育艺术在学生心理上引起的信服而又崇拜的态度反映。

教师威信的作用主要表现在以下几个方面：

（1）有利于教师作为学习的引导者和促进者角色的实现。

（2）有利于教师作为班集体管理者角色的实现。

（3）有利于教师作为行为规范的示范者角色的实现。

（二）影响教师威信形成的因素

（1）教师高尚的思想道德品质、渊博的知识和高超的教育教学艺术是获取威信的基本条件。

（2）教师的仪表、作风和习惯，是教师获得威信的必要条件。

（3）师生平等交往是教师获得威信的重要条件。

（三）建立教师威信的途径

（1）培养自身良好的道德品质。

（2）培养良好的认知能力和性格特征。

（3）注重良好仪表、风度和行为习惯的养成。

（4）给学生以良好的第一印象。

（5）做学生的朋友与知己。

第二节　教师的心理健康

一、教师心理健康的概念与标准（单选题、简答题）

（一）教师心理健康的概念

教师心理健康是指教师在教育教学过程中有意识地完善人格，发挥心理潜能，维护和增强心理各方面的技能和社会适应能力，预防各种心理疾病，使个人的心理技能发挥到最佳状态。

（二）教师心理健康的标准

（1）认同教师角色，热爱教育工作。

（2）有良好和谐的人际关系。

（3）健全的自我意识——能正确地了解自我、体验自我和控制自我。

（4）健康的情绪体验与调控。

（5）意志坚强，对困难和挫折表现出坚强的心理韧性。

（6）具有教育独创性。

（7）对教育具有积极进取的精神。

二、教师的职业压力（单选题）

（一）教师职业压力的定义

教师的职业压力是由于工作而引起的，是教师对来自教学情境的刺激而产生的消极情绪反应。长期的职业压力最终会造成教师的职业倦怠，给教师的身心健康带来严重的不良影响。

（二）教师职业压力的来源

（1）教师的角色特征。具体包括教师角色冲突、教师角色模糊与教师角色过度负荷。

（2）学生的不良行为。

（3）自主权的控制。

（4）教育改革与变化。

（三）教师职业压力的应对

1. 教学效能感

教学效能感是指教师对于自己影响学生的学习活动和学习结果能力的一种主观判断。教学效能感会在以下三个方面影响教师的行为：

（1）影响教师在工作中的努力程度。

（2）影响教师在工作中的经验总结和进一步的学习。

（3）影响教师在工作中的情绪。

2. 控制点

控制点指一个人在多大程度上认为事情的结果是内控的或者外控的。所谓内控，是指认为事情的结果是受自己的努力和行动所控制的；所谓外控，是指事情的结果是受机遇或者外在的力量所控制的。外控型个体认为困难和压力是自己无法控制的因素造成的，而内控型个体则相信坚持不懈的努力、良好的习惯和自律能克服困难和压力。

3. 自尊

自尊是自我意识和心理健康研究领域的一个非常重要的概念。有研究表明，教师的高自尊有助于缓解其职业倦怠。

4. 信念

教师信念是指教师对有关教与学现象的某种理论、观点和见解的判断。它影响着教育时间和学生的身心发展，也影响着教师如何应对来自教学情境的压力。教师信念在很大程度上决定了教师对教学工作的责任心和坚持性。

5. 社会支持系统

社会支持可以缓冲职业压力带来的消极结果，缓解职业倦怠的程度。这一过程中，社会支持主要通过缓冲学生因素、家庭人际、自我发展方面的压力来缓解职业倦怠。

三、教师的心理与问题行为（单选题）

（一）教师消极行为

（1）疏远学生，冷漠，缺乏耐心；备课不认真甚至不备课，教学活动缺乏创造性；过多运用权力关系（主要是奖惩的方式）来影响学生，而不是以动之以情、晓之以理的心理引导方式帮助学生；时常将教学过程中遇到的正常阻力扩大化、严重化，情绪反应过度，处理方法简单粗暴，或者对教学过程中出现的问题置之不理，听之任之。

（2）当教学过程中遇到挫折时，拒绝其他人的帮助和建议，将他们的关心视为一种侵犯，或者认为他们的建议和要求是不现实的或幼稚的。

（3）对学生和家长的期望降低，认为学生无药可救，家长也不懂得如何教育孩子和配合教师，从而放弃努力，不再关注学生的进步。

（4）对教学完全失去热情，甚至开始厌恶、恐惧教育工作，试图离开教育岗位，另觅职业。

（二）教师职业倦怠

职业倦怠是指个体在长期的职业压力下，缺乏应对资源和应对能力而产生的身心耗竭状态。20世纪70年代中期，美国的弗罗伊登伯格最早提出了"职业倦怠"这个概念。玛勒斯等人认为职业倦怠的特征主要表现为情绪耗竭、去人性化、个人成就感低。

1. 情感耗竭

情感耗竭是职业倦怠的**个体压力**维度，主要表现在生理耗竭和心理耗竭两个方面。生理耗竭是职业耗竭的临床指标，表现为慢性疲劳、疲乏虚弱、睡眠障碍、头疼等；心理耗竭是职业倦怠的核心维度，也是其最明显的症状，特指丧失工作热情、情绪波动大，感到自己的感情处于极度疲劳状态。

2. 去人性化

去人性化是职业倦怠的**人际关系**维度，是指刻意在自身和工作对象间保持距离，对工作对象和环境采取冷漠和忽视的态度。去人性化的老师表现为以一种消极的、否定的、麻木不仁的态度和情感对待学生，对待有些学生像对待没有生命的物体一样。

3. 个人成就感低

个人成就感低是职业倦怠的**自我评价**维度，表现为消极地评价自己，自我效能感下降，贬低自己工作的意义和价值，工作变得机械化且效率低下，缺乏适应性。

真题再现

孟老师近期工作比较消极，漠视学生的存在，对学生态度麻木，缺乏应有的尊重。依据职业倦怠的特征，孟老师的这些表现属于（　　）。

A. 情感枯竭　　　　　　　　　B. 去个性化

C. 成就感低　　　　　　　　　D. 知识枯竭

【答案】B

四、教师心理健康的维护（简答题）

（一）学校层面

（1）推行以人为本的管理模式，创设良好的学校人际环境，缓解教师的压力，创设民主、宽松、和谐的学校人际环境，是维护和促进教师心理健康的重要条件。

（2）树立教师心理教育观念，健全教师心理教育机制。

（3）健全教师心理健康的校内保障系统。

（二）社会层面

（1）加大宣传和政策的力度，进一步形成尊师重教的社会风气。

（2）重塑教师职业形象，促进教师群体专业化的进程。

（3）建立社会支持系统。

（三）个人层面

（1）培养正确的压力观。

（2）改善自我观念。

（3）正确应对挫折和压力。

（4）建立积极的思维方式和内在对话。

（5）采取合理有效的工作方式，学会休闲。

章节配套练习

1. ［单选题］教师在课堂上提问一些有难度的问题时，通常会不由自主地将目光停留在那些优秀的学生身上。这种现象反映出来的是（　　）。

A. 从众效应　　　　　　　　　B. 木桶效应

C. 期待效应　　　　　　　　　D. 投射效应

2. ［单选题］刘老师在教学过程中善于引导学生掌握知识、积极思考、运用多种策略解决问题。这说明他的哪种教学能力比较突出？（　　）

A. 教学认知能力　　　　　　　B. 教学反思能力

C. 教学监控能力　　　　　　　D. 教学操作能力

3. ［单选题］李老师对自己的教学能力十分有信心，认为自己能教好学生。这主要反映了他的哪种心理特征？（　　）

A. 教学责任感　　　　　　　　B. 教学幸福感

C. 教学理智感　　　　　　　　D. 教学效能感

4. ［单选题］小彭老师走上讲台已经有三年了，近来她明显感受到自己对教学工作缺少了从前的热情，时常感觉到心力交瘁，在讲课时也失去了从前的活力，这属于职业倦怠中（　　）的表现。

A. 情感枯竭　　　　　　　　　B. 去个性化

C. 成就感低　　　　　　　　　D. 知识枯竭

5. ［单选题］最近刘老师倾向于消极地评价自己，并伴有工作能力体验的下降，认为工作不但不能发挥自身才能，而且多是枯燥无味的繁琐事务。刘老师的这些表现属于职业倦怠中的（　　）。

A. 情绪衰竭　　　　　　　　　B. 去人格化

C. 低个人成就感　　　　　　　D. 才智枯竭

6. ［单选题］在教师的专业知识结构中，教师首先应精通自己所教的学科，如语文、数学等这些特定的学科知识，这些知识属于教师知识结构中的（　　）。

A. 条件性知识　　　　　　　　B. 实践性知识

C. 本体性知识　　　　　　　　D. 通识性知识

7. ［单选题］教师的专业知识由四个方面构成。其中，（　　）是指教育学、心理学、教法等相关的教育心理方面的知识。

A. 条件性知识　　　　　　　　B. 本体性知识

C. 实践性知识　　　　　　　　D. 操作性知识

8. ［单选题］造成教师学历层次与整体能力脱节的现象，主要原因是忽视了（　　）。

A. 技术性知识　　　　　　　　B. 本体性知识

C. 条件性知识　　　　　　　　D. 实践性知识

【参考答案】

1. C　2. D　3. D　4. A　5. C　6. C　7. A　8. D